朝礼、ミーティングにも
活用できる50話

安全衛生
読みたい話、
伝えたい話

中央労働災害防止協会

はしがき

近年、安全技術の開発やリスクアセスメントの普及などが進む一方で、若年者の危険感受性の低下が懸念され、また団塊世代のリタイアにより、いわゆる安全衛生のキーマンが不在となり、安全技術やノウハウの伝承も途絶えてしまうのでは、と不安視されています。

そこで、職場の皆さんに、今取り組んでいる業務や活動について、ふと立ち止まって振り返る良いきっかけを提供し、さらに、それを皆さんの部下や仲間と簡単に共有していただこう、との視点から本書を作成いたしました。

この本には、全国で活躍中の25人の安全衛生関係者の体験談や見聞録が、エピソード形式で50話収録されています。まずは皆さんご自身で行間から何かを感じとっていただき、さらには、朝礼やミーティングなどの機会に、ぜひご自身の言葉で伝えていただければ幸いです。

最後に、刊行にあたりまして貴重な話材をご紹介いただきました、25名の方々に深くお礼申し上げるとともに、本書を皆さんの職場の安全衛生水準の向上にぜひお役立ていただきますよう、お願い申し上げます。

中央労働災害防止協会

平成28年4月

もくじ

知っておくと楽になる！

なるほど！

もしや？

そうだったのか…

必要なもの、大切なことが見えてくる25人の安全衛生体験談

①

逃げてもええねん

私が、設備会社の新人現場監督者だった時の話です。今から40年ほど前は、建設業界では設備会社の立場は非常に弱いものでした。

当時の私は、仕事の流れも現場の施工方法も知らない新人でしたから、プロ集団の現場で全く通用しないのは当たり前でした。しかし、いくら新人だからと、何でも許してくれるほど現場は甘くはありません。

「おい新人。ここに配管をすんなり通すわけにはいかんな！」

型枠工や鉄筋工から厳しい洗礼を受けます。ついには、よほど私が頼りなかったのか、下請けの職人までもが私を無視して、作業を進めるありさまでした。

そうなるともう悪循環で、私はだれからも相手にされないまま、工程は容赦なく進んでいきます。（どうしよう、どうしよう…。あそこに配管を通さないといけないのに）

深夜、現場に一人でこっそり入って、真っ暗闇の中、スコップを持ち地面を掘って配管を敷設したこともありました。不安で、心細くて、情けなくて…。でも助けてくれとも言えず…。

仕事の不安を抱える毎日が続き、気持ちが落ち込み、逃げ出したいのに逃げ出せない袋小路に追い込まれていったのです。

土曜の夕方には「日曜が過ぎればまた…」と気持ちが暗くなり、日曜の朝になると、やって来る1週間を恐れ、1日中気持ちが落ち込んでいる状態でした。そして月曜からの仕事は…。会社から現場へ向かおうと、会社の車に乗ってハンドルを握った瞬間から泣いていました。現場へ行くのが辛くてしかたがなかったのです。

（この苦しみをわかってもらうには…。俺が死んだらわかってくれるやろか…）。

もう限界でした。

さて、この状態からどうやって抜け出せたかというと…。「仕事から逃げた」のです。貯金を下ろして現金を握り、会社に連絡もせず、当時乗っていた軽自動車を走らせました。2週間ほどの一人旅から戻ってきたときには、全てが終わっていました。私の仕事は別の人が担当し、現場は「ちゃんと動いていた」のです。

（あ～。俺がいなくったって仕事は進むし、会社はなんとでもなるんや…）

〝俺がやらなくては〟〝俺が逃げるわけにはいかない〟なんて、自分を追い込んでいたことに何の意味もないことを知った瞬間でした。いま思い返しても、心に傷跡がくっきり残っているのがわかります。それからというもの、自分に投げかける言葉があります。

「一人で悩むなよ」、「仕事から逃げてええんやで」、「おまえが逃げたってなんとかなるから」、「おまえの命以上に大切なものはないよ」

（去来川　敬治）

2

雨降って地固まる

「A所長の現場で、労働災害が発生した！」。本社で安全衛生の専任スタッフをしている私に、現場から一報が入りました。

A所長は、安全衛生管理に積極的で、お客様の思いを実現するために、現場の声に耳を傾ける、職人からも愛され信頼される人物です。

（どうか大ケガでないように…）そう祈りながら現場へ車を走らせました。

現場はマンション建築現場で、翌日のコンクリート打設のために準備をしている状態でした。被災者は型枠大工をしている60歳の職人Bさんで、型枠材の片づけをしている時に、小梁の型枠と鉄筋の間に足を突っ込んで倒れたのです。

私は病院からいったん戻って来たA所長から事情を聴き、一緒に病院へ向かいました。Bさんは、膝の緊急手術が終わりベッドに横になっていました。

「えらい目に遭ったね…痛かったでしょ」、「いや〜、ホンマにすんまへん。エライ迷惑をおかけして」、「気にせんでええよ。労災申請も済ませたから、安心して治るまで頑張ってね」。私は家族の方にも挨拶をして、会社に戻りました。

それから1カ月ほど経ち、Bさんのお嬢さんからはがきが届きました。その内容はBさんの治療の経過でした。私は返信手紙を書き、何度かA所長と見舞いにも行きました。それから毎月、お嬢さんからのはがきが届くようになり、そのたびに私は返信の手紙を書きました。何とかBさんは半年ほどで退院され、自宅療養となってからは便りが来なくなりました。

（Bさん、治ったかな～）そんなことをたまに思いながら、1年ほどの月日が経ったある日、現場パトロールをしていると、「いさがわさん」と声をかけられたので、振り返るとBさんでした。

「Bさん、もう大丈夫なん?」、「ええ、まだ長い時間の仕事はあきませんけど、だいぶん良くなりました」。笑顔で答えてくれるBさんは元気そうです。「ボチボチでええから、これからも現場を助けてやってな」。そう言ってお互い笑顔で別れました。

それからまた1年ほどの年月が経ちました。A所長の現場では、雨続きで作業工程がだいぶ遅れていました。A所長は遅れを取り戻すため、職人探しに奔走しましたが、どこの現場も状況は同じで、とにかく職人がいないのです。

その時、「助けに来てあげたで!」と、聞き覚えのある声が…。

Bさんです。Bさんがリーダーをしている型枠大工のチームが、駆けつけてくれたのです!それも、メンバー全員がみんな笑顔で「さあ、やるか!」とやる気満々です。もちろんA所長の現場は遅れを取り戻し、納期までに無事完工することができました。

「雨降って地固まる」

慌しい現場で、何よりも作業者を思いやるA所長の行動は、やはり皆に通じていたのだなぁ、と実感した出来事でした。


（去来川　敬治）

③「一発逆転!」のない世界

私は、機械メーカーの製造工場で26年間現場を経験した後に、平成12年4月に安全衛生担当者となりました。

当時の工場の安全成績は、先輩たちの努力もあって、結果的に「災害〝ゼロ〟」を達成することはかないませんでしたが、発生災害は軽微なものが年に4~5件程度にとどまっていました。

それでも一定の評価をされていたので、私も「まあこんなもんか…」、「ここまでやれていれば…」と、いつしか自分自身も納得をしていました。ところが平成18年、工場火災や休業災害が発生し、それまでの活動が一気に崩れ落ちる様を見た思いでした。(詳しくは次の④)

そのとき私の頭をよぎった言葉が、あるプロ野球の監督の言葉です。「〝勝ち〟に不思議な勝ちあり、〝負け〟に不思議な負けなし!」という言葉でした。「たまたまの無災害を安易に喜んでいるような活動では、災害〝ゼロ〟に届かない! 狙って獲りにいく〝無災害〟でなければ!」と、それまでの自分の妥協心を悔いたものでした。

私は、中学の時からテニスをやってきましたが、テニスの世界にも良い言葉があります。早稲田大学出身の福田雅之助氏が後輩たちに贈った言葉です。「この一球は絶対無二の一球なり。されば心身を挙げて一打すべし…」(注1)です。

テニス競技は1ポイントずつ得点を重ねる競技であり、決して満塁ホームランのような逆転打はありません。〝エア・ケイ〟(注2)であっても〝ダブルフォールト〟(注3)であっても1ポイントは1ポイントなのです。

そうであるからこそ、一球一球を大事に、悔いなく打ち、たとえ地味なプレーであってもポイントを積み上げた者のみが勝者となります。それは決して派手なパフォーマンスで逆転できるものではありません。そのことを心に刻み、日々刻々精進せよ、という意味が込められた言葉です。この「庭球する心」は、私たちに、その瞬間における〝慎重さ〟と〝丁寧さ〟、そして〝飽くなき向上心〟を教えている言葉です。

「一発逆転!」のない世界。安全衛生の世界も同じです。例え当たり前の点検であっても、〝慎重に〟〝丁寧に〟、着実に実践できる〝愚直な心〟と〝行動力〟を磨きましょう。

(板橋　陸)

(注1)「この一球は絶対無二の一球なり　されば心身を挙げて一打すべし　この一球一打に技を磨き体力を鍛へ精神力を養ふべきなり　この一打に今の自己を発揮すべし　これを庭球する心といふ」(早稲田大学庭球部公式ホームページより)
(注2)テニスの錦織圭選手の代名詞である、高くジャンピングして打つフォアハンドストローク。
(注3)テニスでサービスを2本とも失敗し、ポイントを1ポイント失うこと。

④

職場を耕す安全リーダーの〝チカラ〟

〝現場は生きもの〟です。

私が勤務していた工場は、農業機械の製造工場で、現場には、プレス、板金溶接、ミッション組立、塗装、本機組立、運転検査等、さまざまな作業が混在し、職種ごとに特有のリスクを抱えていました。

平成12年に安全衛生担当として着任した当時は、リスクアセスメントが広まりを見せており、私の工場でも管理レベルの一層の向上を狙って、リスクアセスメントを平成14年度に試行し、翌年度から本格的に展開しました。その結果、下げ止まりの傾向を呈していた災害件数も、年に3件、2件と再び減少傾向へと好転しはじめ、「安全衛生活動もこれで一皮むけるな」と、ほくそ笑んでいました。

しかし平成17年、工場業績のさらなる向上を狙って、大型製品の生産移管という大きな仕事が舞い込みました。各職場はこの対応で、レイアウトの変更、新規設備の導入、派遣社員の入職、取扱い部品の急増等、大きな変革を迎えていました。設備機械の本質安全化を軸に、各職場も必死に生産準備を行ってきましたが、平成17年度と18年度の災害は、休業災害も含め年間で13件を数え、安全衛生活動の根幹を揺るがす事態へと急変してしまいました。

この2年間に発生した災害の内容を見ると、「鉄板の端がこんなに鋭くなっているとは思わなかった」、「部品の持ち方まで具体的な指導はなかった」、「忙しさのあまり作業手順が守れなかった」等、ハード対策だけでは手の届かない、人的な要因が実に全体の77％だったことが分かり、とても衝撃を受けました。

リスクアセスメントにより、致命傷となる重篤災害につながる危険源への対策は、ある程度できましたが、もっと緻密なリスク低減対策を実施するには、どうしても〝作業者の声〟〝職場の力〟が必要でした。そこで、平成18年10月から〝安全人間づくり〟を狙いとして、「ゼロ災運動」を真摯な思いで再スタートさせました。管理監督者の指導・援助のもと、経験豊富なベテランに安全リーダーをお願いし、リスクアセスメントとKYTを二本柱として安全衛生活動を展開したのです。

すると、安全リーダーの〝チカラ〟は、想像を絶する凄まじさで、若い作業長を助け、自ら進んでKYTのリーダーを務め、仲間を鼓舞し、とうてい職制ではできないリーダーシップぶりを発揮してくれました。また、職場の一人ひとりも、仲間のために〝俺のやれることは何だ？〟を意識し、お互いをたたえ合い、明るく元気な職場へと変わり始めました。

そして、「ゼロ災運動」への取り組みから5年目の平成24年度には、遂に悲願の年間無災害を達成できました。それは、管理活動であるリスクアセスメントと、ゼロ災運動の職場の自主活動が一体的に展開できたことにより、高かった安全衛生活動の階段をまた一段上がれたことを実感した瞬間でした。

（板橋　陸）

5

夢の実現

「君の夢だよな、安全衛生のライン化は…」。「安全衛生のライン化の実現には数年かかる。夢の実現に向け一緒に頑張ろう！　君はその伝道師だ！」。社長からの言葉でした。

2004年10月当時、わが社は「JISHA方式OSHMS」の認定取得に向け、中災防マネジメント総合支援サービスを受けました。その結果、一定の評価は得たものの「安全衛生のライン化が弱い」という指摘を受けました。「安全衛生のライン化」というのは、私をはじめ職場のだれもが初めて聞く言葉でした。ただトップだけは理解していたのです。

私自身、その後自分自身で勉強し、たどりついた答えがあります。「安全衛生のライン化」とは、「安全最優先のもと、安全衛生を仕事の一環としてとらえ、品質と同列で位置づけ、日常業務に食い込ませ、災害・事故・違反ゼロに向け、全社一丸となり全員参加で取り組んでいくもの」。

品質に完璧主義を貫くことこそが、働く私たちのプライドです。この考えを安全衛生にも置き換え、災害ゼロに向け全員参加で取り組んでいくことが、大切だと改めて気づいたのです。このポリシーは改めてトップから発信され、わが社でも、「安全衛生の責任は自分たちにある」という考えが管理職に浸透し、次第に全社員にも広まっていきました。ポリシーが固まると、次に大事なのは実践手法です。

ここで着目したのは、「仕組み」と「訓練」です。安全衛生はトップダウンとボトムアップが融合して上手くいくという考えに基づき、まず社内にゼロ災小集団の「仕組み」をつくることから始めました。その小集団は、職場の業務に直結し、事故をなくすことはもちろんのこと、改善につながることを掲げ活動を始めたのです。

小集団活動の導入に当たっては、ヒヤリハットを質的に高めるため、まず徹底したリスクアセスメントの実施を前提とした、積極的な改善提案をした職場を社内表彰する仕組みをつくりました。特に、リーダーシップとコミュニケーション能力の向上を図り、小集団活動をメンバーが無理やりやらされているという感覚に陥らないよう配慮しました。一方「訓練」は、中災防の「ゼロ災運動プログラム研究会」で培ったノウハウを活かし、社内でKYTとリスクアセスメントを一体化した研修を、全社員対象に実施しました。

「君の夢だよな、安全衛生のライン化は…」。トップから掛けられたその言葉から6年、20 10年にわが社は初めてのゼロ災を達成しました。今では、ゼロ災小集団活動の成果として、先の安全衛生提案が生産性の向上に寄与することが明らかになり、安全衛生と生産の一体化が実現できました。私の夢の実現、それはトップの言葉から始まったのです。

（岡田　圭司）

6 ゼロ災への道。最後のキメテは指差し呼称

「最後はコレ、コレですよ！」。

トップの指差し呼称のポーズこそがコレでした。わが社では、2010年がゼロ災元年となって以降、2012年には2度目のゼロ災を達成しました。しかし、2013年に思いもよらない休業災害が発生しました。ハードの本質安全も徹底した、安全衛生のライン化もできた、OSHMSの仕組みも浸透している、安全衛生のライン化もできた、KYTやリスクアセスメントも定着していたのに「なぜ」と、トップや安全担当者だれしもが歯がゆい思いをしたはずです。

2013年は、正に会社全体がカベに当たった年でもありました。本質安全や機能安全を確保しているのに、いったい何が不足しているのだろうと私は悩みました。そこでハッと気付いたのです！　不足しているのは、人の安全であると。

災害の本質を探ってみると、「大丈夫だろう」、「気付かなかった」、「うまくリカバリーしたい」、「早く処理したい」など、人の行動心理に起因していたのです。その時、「最後のキメテは指差し呼称」というトップのメッセージを思い出したのです。トップはこうも言っていました。「わが身の安全と健康はわが身で守ることが、究極の安全衛生だ」とも。本質安全、機能安全には限界があります。そこに付加すべき安全は、人にかかわる安全、つまり自分自身で一人KYTを身につけることです。わが社では今まで、全体唱和もKYTも徹底して行ってきましたが、

作業時の一人ＫＹＴの実践が欠如していました。改めてトップの鋭い安全感覚に脱帽したのです。

この時から、トップは「指差し呼称を習慣づけ、文化として定着させる」と強い意志を表明し、まずは構内のすべての横断歩道に指差し呼称シールを貼り付け、全員が指差し呼称を実践するよう環境整備を始めました。それと並行して、指差し呼称の必要性・重要性を改めて安全衛生委員会やＷＥＢ等で周知しました。次第に指差し呼称が浸透していく中、トップ自ら、全体朝礼の場で「社員全員が実践する〝指差し呼称〟活動のキックオフ宣言」をし、全員に以下の内容を伝えたのです。

「活動理念」…一人ひとりカケガエノナイ人を基軸とした安全確保の先取り活動を行う。指差し呼称は仕事の一環、全員参加の活動である。

「職場と個人に求める姿」…指差し呼称項目が掲示・整備され、働く一人ひとりが声を出して実践する。非定常的作業を行う時も、声を出して指差し呼称を行う。管理職、職制が率先垂範で声を出して指差し呼称を行う。

「目指す姿」…無意識を意識に変える。不注意を注意に変える。思い込み動作を正しい動作に変える。

その後も、各職場では指差し呼称の教育ビデオを全社員に視聴させ、リスクアセスメント実施後の残留リスク表示には、指差し呼称項目を記入し作業前に指差し呼称を実践しています。これらの活動の結果、２０１５年は3度目のゼロ災を達成することができました。改めて、真のゼロ災に一歩近づいたと感じています。真のゼロ災とは、「本質安全」、「機能安全」、「人間安全」の三つをクリアすることによって、実現することであると考えています。

（岡田　圭司）

7

徹底した掘り下げで活かす災害事例

ここでは、私が勤務するゴルフ場で起きた労働災害事例を参考に、社員がどう原因を追究し、再発防止のための「改善の手順」を定めたかについてお話しします。

災害の発生場所は、西コース5番ホールセカンド（第2打目）地点、状況はグリーンを狙ったプレーヤー（打者）のショットが、プレーヤー（打者）の右に立ってボールの行方を見ようとしていたキャディ（補助者）の頭部に当たり、右前頭部に負傷（全治2週間）をしたものでした。早速災害発生後に、キャディ班長5名と本人を含めた計6名のチームを結成し、災害発生原因の追究と再発防止策を練りました。まずは災害発生ホールに何回も足を運び、災害の発生状況と現状の把握を行い、「ブレーンストーミング」、「特性要因図」を用いて災害要因を洗い出し、絞り込みを繰り返し行いました。その結果、①キャディはプレーヤーより前には立っていないと錯覚していた、②安全意識が欠如していた、という2点を重点要因としました。

災害が発生した西5番ホールは、右ドッグレッグ（注）のホールで、キャディがプレーヤーの右に立つ場合、本人が真横に立ったつもりでも、プレーヤーから見ると45度の角度に立っており、ボールが当たる可能性が高まる危険エリアの中に入ります。

対策として、まずドッグレッグホールすべての危険エリアには入らないことを徹底し、班長が各班員（キャディ）を災害発生現場へ連れて行き説明しました。また、「自己チェック制度」を設けて、チェックリストを使った安全確認も徹底することにしました。②の対策として、班長のリードで、毎日の朝礼時に「ドッグレッグホールでは、絶対に危険エリアに入らないようにしよう！」、「プレーヤーより前に絶対に出ないようにしよう！」を全員で唱和することにしました。また、本人の認識とは逆に、プレーヤーから見て非常に危険な場所に立っていて被災した事例があることを、各班員が実感するよう注意しています。

この災害以降、同伴競技者からの打球による労災事故は、1件も発生していません。また、プレーヤーにも具体的事例を挙げて注意し、プレーヤー同士の打球事故も防止することに成功しました。原因を「なぜ、なぜ」と掘り下げ、真の原因をつかみ、対策を社員全員で標準化（マニュアルに落とし込み）していくことが、再発防止につながると確信しています。

（岡本　豊）

（注）ティーグラウンドからグリーンまでの形状が犬の足のように曲がっているコース

8 トップの言動の大切さ

私が、千葉県ゴルフ場支配人会の労働安全推進委員会委員長を拝命した平成20年ころ、Aゴルフ場で年間6件の労働災害が起きていました。これは、県内では1カ所のゴルフ場としては、それまでにない発生件数の多さでした。そこで、地区の代表常任幹事と労働安全委員長と私の3名でAゴルフ場へ出向き、副支配人に事情を伺いました。

まず労働安全衛生活動の実態を聞き、今後の労働災害を未然に防ぐ対策を話し合い、労災防止に努力することを確認しました。しかしそのとき、副支配人を含めAゴルフ場の社員全員が萎縮していて、何かが背景にあるような違和感があったのです。実はそれは、「トップの厳しく責任追及する姿勢」でした。そのことが、労働災害発生件数に大きく影響していると確信してから2週間後、Aゴルフ場で死亡災害が発生してしまいました。

これは早朝、コース管理の要員がグリーンの刈込み作業をしており、その際、グリーン上のピン(旗のついたポール)を抜きに行ったところ、停止してあったグリーンモア（芝刈機）のギアがニュートラルポジションであったため、下り傾斜でグリーンモアが池に向かって動いてしまったのです。

被災者は慌ててグリーンモアに戻り、池に入らないように懸命に止めようと努力しましたが、一緒に池に落ちてしまいました。発見者はトップでスタートした組のお客様で、グリーン上にピンが倒れており、人の気配もなかったことから、おかしいと思い周りを見回したところ、池で被災者を見つけたそうです。溺死でした。

大きな災害要因は、グリーンモアのエンジンを停止せず、ギアをニュートラルのままにしたことですが、そのほかに被災者が普段より、「失敗や事故を起こしたら責任を追及され、退職に追い込まれるのではないか」との精神的圧迫とストレスがあったとも考えられます。また、本人の責任感の強さもありますが、動いたグリーンモアを止めようと、最後まで離れなかったことも要因の一つと考えられます。

そこでゴルフ場に限らず、会社のトップや安全衛生推進者の皆さんにお願いしたいことがあります。それは、もし災害が発生した場合や従業員がヒヤリハットを体験した場合でも、被災者や当事者を厳しく責任追及しないようにしていただきたいのです。普段の朝礼や安全衛生会議等の場では、同様の危険に遭遇した場合、機械等の損傷はお金で解決できるので、機械を捨てる勇気を持つこと、また、命より大切なものはないことを、常に言い続けることが大切だと思っています。

私は、この死亡災害事故以来、トップおよびそれに準ずる方の言動がいかに重要かを、東日本ゴルフ場支配人会労働安全衛生委員会等の各委員会の場で、また各ゴルフ場に伺うたびに話をしています。Aゴルフ場は、その後、労働局から安全・衛生管理特別指導事業場として認定され、毎月の報告・指導により、職場環境が改善され、今は無事故ゴルフ場へと変遷しています。

（岡本　豊）

9 失敗から成功へ

昔から伝わる言葉に「失敗は成功のもと」があります。失敗しても、それを反省して欠点を改めて努力すれば、必ずや成功に結びつくという意味を含んだ言葉です。

さて私たちは「労働災害」という失敗を、これまで何度繰り返してきたことでしょう。災害が発生すると、そのたびに災害原因を究明し、対策を立て再発防止に取り組んでいますが、相変わらず類似災害は発生しています。本当に欠点を改め、同じ失敗を繰り返さない取組みをしているでしょうか?

「失敗」はだれもが隠したがる性質のものなので、その情報は当事者や関係者に都合の良いように伝えてしまう場合があります。これでは事実を正確に検証できず、失敗を生かすことができません。事実はありのまま伝え、失敗のプロセスや失敗者がそのとき何を考え、何を感じたのか、などの主観的情報や心理状態など、克明な情報も重要です。これらの情報で、目に見えない背後要因を知ることができます。

また、被災者への聞き取り方法は適切でしょうか? 安全衛生担当者は、何か腫れ物に触る感じで被災者と接触したり、犯人扱いしていませんか? 被災者へは「他の人が同じ失敗を繰り返さないために、ぜひ協力してほしい」と理解を求める必要がありますが、デリケートな問題であり、何か不利益な取扱いを受けるのではないかという不安や誤解を解く必要もありますので、ヒアリングする側は、聞きとりスキル向上のための教育が必要となります。

また、いつも同じメンバーだけで安全対策を考えると、マンネリ化し、類似災害が繰り返されます。対策の検討の際は、管理士やコンサルタントといった安全の専門家など、第三者的な立場の人にも、広く意見を求めるのがよいでしょう。しかも、対策はだれでも実行可能なもので、継続できるものでなければなりません。

また、人の失敗（労働災害）を自分のものとして受け止め、長く記憶に留めることが重要です。なかなかこれは簡単ではありません。そこで、定期的に災害事例を使った教育を行い、忘れかけた記憶、薄らいだ印象を呼び起こすことが必要です。そのためには、ＯＪＴで仕事のノウハウを教える際に、自分の「失敗」や「ヒヤリ・ハット」などの体験談も伝えることが重要です。またその中で、なぜ失敗したのか、次に失敗しないためにどうしたのかなど、意見交換をすることが、最も記憶に残る教育方法だと思います。特に身近な先輩たちの失敗談は記憶に残るはずです。

人間のミスはきっとなくならないでしょう。しかし、複数の人間でミスをカバーし合えば、労働災害をなくすことができます。失敗を反省し、成功へ結びつく活動をしていきましょう。

（川野　政彦）

10

命の重み

ある夏の暑い日、私は北陸の港湾工事現場で現場監督をしていました。昼食を取って現場に戻りしばらくした時、予想もしなかった事態が発生しました。私の目の前で労働災害が発生したのです。血が流れ、息も絶え絶えにあえいでいる被災者を前に、発生している状況がのみ込めず、私の足はガクガク震え、何をどうしたらよいのか分からないまま、オロオロしているだけでした。「落ち着け」、「落ち着け」と自分に言い聞かせながら、他の作業者と声を掛け合って、救急車の手配や事務所への連絡を無我夢中でやり終えました。

被災者は数日予断を許さない状況が続き、私も時間を見つけては病院に詰めていました。私は「死ぬなよ！　死なないでくれ！」と強く念じていましたが、ついに5日目に絶命してしまいました。一緒に働いていた仲間が死んでしまったのです。なんともやりきれない思いでした。

被災者には、小学生と思える2人の女の子がいて、お父さんの遺体を前にして泣きじゃくる子供たちの涙を見た時、奥歯を強く噛みしめ「私の人生で死亡災害はこれが最初で最後にする。悲劇はこれが最後」と強く強く「安全」を心に誓いました。

私はそれから約20年間、土木職として一刻もあの悲劇を忘れることなく、自分なりのやり方で安全活動を実践してきました。その結果、重篤災害なしで過ごすことができました。今はその経験を生かすべく、「安全の専任者」になりました。

これまでの経験から、私なりの安全活動とは、①現場をよく見ること、②安全に関して安易な妥協はしないこと、③予想される危険について協力会社にまで広く意見を求め、計画段階で安全対策を行い、それに伴う対策費を確保し、対策を実行させること、④作業者に対して声かけを行い、不安全状態は即刻改善し、不安全行為者に対してはその都度注意し、同じ注意を受けないように徹底的に指導すること、です。

作業者の中には、「やり過ぎ」との声もありましたが、あのとき誓ったことを思い出し、「信念」を持って安全活動に取り組みました。現場は刻々と変化し、危険な状態の連続です。危険を見過ごせば高い確率で災害が起きます。

私たちは、一歩間違えば「命」を失いかねない仕事をしているということを、しっかり認識しなければなりません。不安全な状態に気づいたら「作業ストップ」と言える「勇気」が必要です。その勇気はあの子供たちの涙が支えとなっています。

あのときの女の子たちはその後どのような人生を送ったのでしょうか？　幸せになるために働いているのに、その仕事で不幸になるのは本末転倒です。命の重さをかみしめ、働く仲間への「人間愛」を大切にして、二度と悲劇を繰り返さない活動をしていきましょう。

（川野　政彦）

11

新興国で安全衛生を進めるには（1）

多くの企業において、海外、特に新興国の現地法人に安全衛生活動を定着させることは、一つの悩みではないでしょうか？　海外拠点では、日本の安全衛生レベルや仕組みを、そのまま導入できるとは限りません。その国の他企業の安全衛生活動の水準も参考にしながら、一定レベルでの妥協も、ときには必要となります。ここでは新興国において、どうすれば安全衛生活動が定着するのか、2回に分けて紹介します。

まず、肝に銘じなくてはいけないことは、定着には時間がかかるということです。現地の管理部門の責任者になったら、安全衛生管理も大切な業務の一つと位置づけ、計画的に実行していくことが重要です。また活動の途中で、経営トップから「いったいわが社の5Sはどうなってるんだ」、「なぜ労災がなくならないんだ」などの横やりを入れられないように、安全衛生計画の策定には、必ず経営トップに関与してもらうことが肝要です。そうすれば、日本の本社には「社長、まだ計画の5合目ですよ。がまん、がまん」となだめながら、現地のメンバーには「もう5合目だぞ。スピードを上げてがんばろう」と褒めつつもネジを巻くことができるのです。日本国内でさえ、安全衛生の活動の定着には時間がかかることを思えば、現地では3年や5年かかるのは仕方ない、と考えることです。

さて次に大切なのは、まず「安全」より「衛生」に力を入れることです。まず最初に、地方から通っている社員、特に製造現場の作業者が住む家や寮など、住環境から見ることをお勧めします。衛生状態や居住性に恵まれない環境の中で、何人かの知り合いと肩寄せ合って住んでいるケースも多く、そんな環境にいる人に簡単に安全だ、5Sだと言っても通じるものではありません。

ここで何より大切なのは、ことわざの「衣食足りて礼節を知る」環境を作ってあげることです。その第一ステップとして、清潔な環境で作られた、温かくておいしいご飯を食べてもらいましょう。お腹が空いていては、安全も5Sもありません。またできれば、安心して眠れる環境も整えてあげましょう。さらに、保健衛生の環境を整えてあげることが大切です。多くの現地の女性従業員にとって、きれいな健康管理室に行ったり正しい衛生教育を受けることは、おそらく初めての経験です。思春期の悩みも含めて、きちんと聞いてあげる体制を整えてあげましょう。

こうして、「会社こそが自分の家なんだ」と思える最低限の環境を整えることこそが、安全衛生活動のスタート地点だと思います。

（神戸　誠）

⑫

新興国で安全衛生を進めるには（2）

皆さんの会社では、現地法人の安全衛生担当者や責任者はどんな方でしょうか？　新興国の中でも、ASEANのタイやマレーシア、フィリピンなどでは、法律で一定の資格要件を必要としています。こうした担当者・責任者の強みとして、法律や化学等に関する必要な知識を有し、一般的に活動の文書化などもある程度きちんとこなすことができますが、意外と現場に行っていないため、現場の状況を理解していないケースが見られます。

三現主義（現場、現物、現実）は安全のみならず、生産活動の基本です。しかし、「あの担当者は現場に行かない」と文句ばかり言う、現地の経営者や管理部門の責任者が多くいることも確かです。でも、現場に行かない担当者は、実は現場をどう見ていいのか意外と分からなかったり、現場のキーマンと良い関係が築けていないケースが多いのです。ですから、現地の経営者の皆さんが、定期的に一緒に現場を回る機会をつくって、現場で何が起きているのか、会社はどこに向かっているかなど、担当者に教えてください。経営者と一緒に現場を回ることで、現場のメンバーも担当者に一目置くはずです。こうしたことが、担当者と現場の距離を縮め、活動の領域を広げることにもきっとつながります。

もう一つ大切なことは、いろいろな場面で悪い部分を指摘するばかりでなく、以前より良くなったことを褒めてあげることです。

日本でもそうですが、安全衛生の担当者の仕事は、「できて当たり前」の考えが定着していて、とかく注意されることが多く、頑張っている割には褒められることが少ない現実があります。私も世界中の安全衛生の現場を回る中で、安全衛生担当者から、「できて当たり前と言われ、達成感がありません」と、愚痴られます。日本以上に、新興国の文化では「褒める」は何よりも大切です。特に脇役と思われがちな安全衛生担当の皆さんを、しっかり褒めてあげてください。

もし、日本の安全衛生担当の皆さんが、海外の工場を視察するときには、現地の安全衛生担当者にじっくりと現場を案内してもらい、その取組みにしっかり耳を傾けましょう。そして、その地道な活動をしっかりと褒めてあげましょう。言葉が直接通じなくても、どの会社にも通訳がいますし、きちんとつなげてくれる駐在員もいるはずです。

また、自分が海外拠点に行って、何ができるかなど心配しなくても大丈夫です。現地では、同じ仲間が日本から訪ねてきてくれるだけで嬉しいはずですし、自分の仕事が認められたと思うものです。また、皆さんを迎える準備をしっかりとするだけで、その会社の安全衛生のレベルは一気に上がるものです。

企業活動のグローバル化が進展する中、安全衛生に携わるわれわれも、負けずにグローバルに活動を展開し、日本の企業活動の美徳である安全衛生文化を、世界の国々に合った形に進化させて根付かせたいものです。頑張りましょう。

（神戸　誠）

13

失敗から学ぶ

「失敗」という言葉への新たな認識が必要とされる今の時代。企業では失敗とは「起きるもの」と同時に、「起こしてはならないもの」とされています。しかし、人の認識は人それぞれ違っており、社会や文化の中で認識が形を変えていて、目的の共有が果たせなくなっていると思います。

私たちの抱く「失敗」のイメージは、多くは次のようなものだと思われます。

「絶対にあってはならない」

「恥である」

「隠すもの」

つまり、「失敗」とはマイナスのものであり、恥なのです。もしかしたら、自分の地位が消えて自分の人生が終わってしまうかもしれない。だからこれを隠そうとします。なぜ失敗したのかは全く考えられずにいるのです。実はその失敗には大きな進歩があり、大きなチャンスがあるのにもかかわらず。

では、この考え方を次のように変えてみればいかがでしょうか。「失敗」は、

「起こりうるもの」

「成功への一歩」

「分析するもの」

つまり、「失敗は成功の過程で起きる」、「起きることを仮定し、なぜ起きるのか、どうしたら防げるのか、真剣に分析し研究する」と考えるのです。こういう思考をすることで、失敗した

出来事から逃げずに、どうしたら失敗を防げるのか、またもし失敗したらどう対応すべきかについて前向きに考えられ、一人ひとりの行動も変わると思います。

失敗を成功に導くためには、十分な時間（ゆとり）と言葉（確認）、そしていつも問題意識を持って行動することが大切です。その中でも特に、確認（打合せ）が肝心だと私は思います。

年度当初は、新入社員や配置転換による異動者が研修を終え、いよいよ本格的な仕事を始める時期でもあります。最近は経験の浅い作業者の災害も多いと聞きます。皆さんも一度、「その作業は、本当に今のままでよいのか？」について考えてみてはいかがでしょうか。

毎日同じことの繰り返しで、時間に流されるだけの作業には進歩がありません。今の作業をもっと能率的にする方法はないのかを考え、どのような小さな仕事も、常に安全と利益の追求を考えながら、さらに努力し工夫改善していきましょう。ただ言われたとおりに仕事をするだけではダメです。考えることが大切なのです。

言葉は意識を変え、意識は行動を変えます。私の口癖は、「0災害は必ずゼロ災害　絶対事故にあワン！」です。

（菊池　史郎）

14 「安全」に投資するということ

仕事柄、危険の多い建設現場を回っています。そこでは、安全パトロールをして危険要因を捉え、「安全」を指導するのが私の仕事です。最近は安全にお金をかける現場が減り、ゆとりがないように感じます。どうも世相の悪化で、「工期・コスト削減」が先行し、次に「品質」、最後に「安全」の順になっているようです。

皆さんはいつも現場で、たくさんの旗やのぼり、安全標識などを目にしていると思います。また作業時にはいつも、ヘルメットや安全帯などたくさんの保護具を身に着けています。皆さんは、安全用品は何のためにあるのか、保護具は何のために着用するのか、について考えたことはありますか？　安全でない職場で、作業を続けたらどうなるでしょう。いつもビクビクしながら作業していては何も進みませんよね。特に保護具は、「どうやって使うのが本当に正しいのか」、「なぜ、現場監督者は口を酸っぱくして注意するのか」など、しっかり理解しておく必要があります。

「安全なくして企業なし」、「人は企業なり」とよく言われますが、安全は「コスト」ではなく、「投資」だと私は考えます。なぜならば、安全に投資している現場は、攻めの安全を行っているため、結果的に工期の短縮につながっているのです。建設現場40年の経験から、私は何度もそういった建設現場を目にしてきました。自然なあいさつがいつも交わされ、標識などもうまく活用して、安全を「見える化」しています。作業者は常に守られている安心感を持って仕事をすることができ、一人ひとりの安全意識も自然と高くなります。

　私は40年、安全の仕事をしてきました。当初は安全というだけで風当たりが強く、時には名刺が桜吹雪になったこともありました。もちろん感謝されることも多いのですが、いろいろな風に吹かれながらも、「石の上にも3年（継続は力なり）」、何とかここまでやってきました。私はいつもポケットに一つの石を持って歩いています。それは、人の命を「ストーン（石）」と忘れることのないよう、「意志（石）」を強く持っていたいからです。建設現場は危険と隣り合わせなので、そこで働く職人の皆さんは、何よりも「命」を大切にしています。コスト・工期などが厳しいからと、ただ同じことの繰り返しで時間に流されているだけでは進歩は生まれません。仲間とともに「愛情」を持って、安全意識も日々進歩させていきましょう。

　安全作業をする上で、私が常に大事にしていることがあります。「止まって正しくやる（正しいことが一つない、というだけで止まる）」、次に「言ったことが成る＝誠実」、の二つです。最後に、最近の建設現場に大事だと感じることを三つ。

「3た」→(た)めに。(た)のしい。(た)よられる。

「3S」→(す)ごい。(す)ばらしい。(さ)すが。

「ABCDE」→A：あいさつ　B：ビシット

　C：ちゃんと顔をみて　D：できると

　E：いいね

これら全部、もしくは一つでも多く与えられる人が集まると雰囲気が変わってきます。

（菊池　史郎）

15

監督者を本気にさせるKYT演練競技大会

当社が施工している戸建住宅の建設現場は、地域・場所が点在しており、作業者一人ひとりに安全確保を委ねる場面が多いことから、KYT活動を積極的に取り入れています。しかし、このKYT活動が定着するまでは苦い反省もありました。

わが社では過去に、現場監督者が安全管理を勘違いして、作業者にKYTの実施数を記録することを強制していたことがあり、現場では「やるだけ」、「形だけ」のKYTとなってマンネリ化し、KYT活動そのものが停滞したことがありました。KYT活動が停滞して初めて、問題はわれわれ管理者側にこそあり、正しいKYTの理解力や率先垂範し指導できる能力が、まだまだ不足していることに気づいたのでした。

そこで、もう一度現場の実践力を高め、現場監督者のKYT活動の求心力を高める策はないものかと、試行錯誤して実施したのが「KYT演練競技大会」です。この大会は毎年1回開催し、今年で10年目になりますが、マンネリ化せぬよう、六つのポイントをおさえて進めています。

一つ目は「全員参加」です。安全活動は施工関係者だけで進めるものではありません。会社のトップ層から、営業、設計、施工、協力会社すべての部門が参加します。

二つ目は全員が目指している「方向を同じく」することです。現場監督者が、正しくKYTを理解し率先垂範できる能力を上げ、ライン化の完成を目指しました。

　三つ目は現場監督者の「コーチング力を上げる」ことです。演練は現場監督者が実際にリーダーとなって、現場の作業者3名のメンバーのワンポイントKYTや、一対一の問いかけKYTを演練し、現場の状況を再現させます。

　四つ目は「やる気」に火をつけることです。対戦形式にし、得点で順位をつけて予選から決勝まで行うなど、勝敗をはっきりさせました。

　五つ目は、緊張感を持って行える「雰囲気」づくりをしたことです。演練の審査は各拠点のトップが行い、演練者に緊張感を持たせるようにしました。

　六つ目は、毎年同じ「演出」は絶対にしないことです。つまり、ハラハラドキドキ感をつくることです。例えば演練する現場監督者を、開始直前の抽選で決めたり、またKYTを行う場面の選定も直前に決めるなど、普段から現場でKYTをきちんと実施しているか、その力量が問われるようにしています。

　このような大会で鍛えられた、現場監督者の現場第一線に対する「指導」、「支援」、「援助」が、ライン化を完成させ組織を鍛えると信じて今も走り続けています。


（北脇　政行）

16

人、風土を変える「現場パトロール」

「安全担当は鬼軍曹になれ！　厳しくなれ！」と聞かされ教えられて、ハウスメーカーの安全衛生にかかわり14年になります。当時は事故も多く、自分が何とかしなければという気負いもあり、現場パトロールでは目を皿にして悪い所を見つけ、現場監督者や作業者を叱りつけ、それが安全を担当するものの仕事だと、勘違いしていた時代がありました。

悪い点をひたすら探して指摘する。改善を次々に指示してとにかく報告を求め、今月はどれだけ改善したか、数字に一喜一憂する。この繰り返しでした。当然のことながら、いつまでたっても現場は良くならないし、事故もなくなりません。問題の現象面ばかり見て、「なぜそうなったのか？」、「なぜ決めたことをやらないのか？」、作業者の気持ちを聞こうとも、見ようともしない。当然の結果でした。

「こんなパトロールでいいのか？」。仕事もおもしろくなく悩んでいた時、何気なく見たゼロ災運動の本にあった「金魚鉢コメント」に、「これだ！」と気づきました。「金魚鉢コメント」とは、ＫＹＴの役割演練を観察者が冷静に観察しコメントすることですが、一番のポイントはできるだけ良い点を見つけ、具体的に褒めて激励することだと書かれていました。

パトロールも、アラ探しをして欠点を指摘し合うことではなく、巡視する者、される者両方が自信をつけ、さらにお互いを高めるものでなければならないと、分かったのです。そのときから、パトロールでは良い点を見つけようと、視点を180度変えてみたのです。すると、悪い点はすぐ目につくのに、良い点を見つけるのは難しく、いざ褒めようと思っても、ぎこちなく、わざとらしく、うまくいきませんでした。

そんなことを重ねているうちに、ある現場で大工さんのちょっとした工夫に「いいこと考えてくれましたね」と、その大工さんに声をかけたのです。すると、「えっ、こんな小さなことまで見てくれていたんだ」との表情で、それからいろいろなことを私に話しかけてくれました。

そうこうしながら、現場で見つけた良い話をいろんな場面でしていたところ、他の現場同士でも競争が始まり、ある現場では、玄関ドアの内側に「帰るときは来たときよりも美しく！」と、作業者自筆の標語が貼られるほどになっていました。つまり、それまで「単なる作業」だった仕事を「心のこもった仕事にしよう！」と、意識を変化させていく現場が多くなっていることに気がついたのです！

・良い点や良い行動を見ることを心掛け、良い点は大いに褒める
・粗探し、間違い探しの態度や見方をしない
・ささいなことであっても、改善が必要なことは見逃さない
・出てきた不安全状態・行動を指摘するだけではなく、なぜそうなったのか作業者に問いかけ、根本の原因を探り対策を打つ

このようなパトロールが、人の気持ちを変え、組織風土も変えていくことになるのではないでしょうか！

（北脇　政行）

⑰ 社会福祉・障害者施設と労働災害

ある社会福祉施設に、腰痛防止対策の指導に伺った際の話です。まず「こちらの施設ではどんな労働災害が多く発生していますか？」とお聞きしたところ、担当者からは、「このような施設に多いと言われる、腰痛や転倒事故を起こす職員はあまりいません。それより介助者と入所者とのトラブルによる事故が、時々発生していますす」ということでした。突然叩かれたり、突き飛ばされる等、入所者と接触して職員がケガをしてしまうのです。「このようなことは、みんな〝仕事柄やむを得ない〟と思っています。ただ、それが原因で、休職者や退職者が出た場合は、職場内がちょっと暗い雰囲気になってしまいます。認知症や精神・心身障害の入所者の行為が故意でないのは分かっていますが、その対応に苦慮しているというのが実情です。またこれを、労働災害と位置付けるべきなのかどうか、も困惑しています」とのことでした。

私は「施設としては、まずこの種の問題は防ぎようがない、やむを得ないと諦めてしまわないことが重要です。まず、問題ができるだけ起きないよう、また、万が一起こった際に速やかな対応が取れるよう、マニュアル等を作成しておくことが重要です」と指導しました。具体的には、①介助者へ問題行動を頻繁に起こす入所者についてはその入所者がどういう時にそのような行動をとるのか、環境要因（時間、場所等）や個人要因（気分等内的要因）等の傾向を分析し全介助者へ周知する、②ハイリスクが予想される介助時は、介助者が保護具等を着用して作業する（指サックや厚手手袋等装備）、③突発事態発生時、他職員への通報や応援要請等の緊急連絡法を整備しておく、等が重要であることを伝えました。トラブルが起こったら〝すぐに警察に電話する〟だけでは、備えとしては万全とは言えないということもつけ加えました。

帰りがけに、職員の一人から、「入所者のみなさんと時々散歩するのですが、最近、近くに熊が出るんです。どうしたらいいでしょう？ またもし襲われて、ケガをしたら労災の適用になるのでしょうか？」とも質問されました。「ひんぱんに目撃情報がある時は、散歩は絶対に控えるべきですし、もしそのような情報がない時でも、散歩する時は鈴やラジオ等、音が出るものを持参した方が良いですね。労災保険も使えると思いますよ」と答えました。

腰痛防止指導で伺ったはずなのですが、トラブル解決や熊への対処法まで指南することになるとは、想定外でした。熊の話を聞いたことから、帰路は一刻も早く山道から抜け出したいと、アクセルを踏んだのを覚えています。

（木下　隆二）

18

第三次産業に安全衛生を浸透させたい！

私がある飲食店の衛生診断に伺った際の話です。職場巡視当日、開始前の打合せ時に、私は社長・店長はじめ従業員を前にして、次の問いかけをしました。「みなさんの中に、以前、建設業や製造業関係にお勤めだった方はいらっしゃいますか？」。すると、「はい！　私は以前、建設会社に勤めていました」とAさん。私は、「ちょうどよかった。私は、Aさんが以前働いていた建設会社でもやっていたような労災防止活動を、このお店でも実践してもらおうと、今日ここに来ました」と切り出したのです。

「えっ！　KYTやヒヤリハットをお店でやるんですか？」と驚いた表情を見せたAさん。「はい、その通りです。特にその中でも〝リスクアセスメント〟を、ぜひ実施してほしいんです。Aさんは、もちろんリスクアセスメントは知っていますよね」と私は聞きました。Aさんは「はい、知っていますけど…。でも〝回転ずし屋〟でリスクアセスメントですか？」と、戸惑っているAさんに、私はただ「はい、そうです」と笑顔で返しました。社長はじめ他の従業員は、私たちのやり取りをポカーンとした表情で聞いています。

続けて私は、菓子製造会社でライン長を任されていたというBさんを見つけました。そして、AさんとBさんをキーマンとして指名し、リスクアセスメントについて説明していきました。「これまで職場の安全衛生活動は、どちらかというと、過去に起こった労働災害の再発防止という考え方で取り組まれてきました。それに対しリスクアセスメントは、労災事故につながりかねない危険因子をみんなで探し出し、災害が発生する可能性とその時のケガ等の重篤度を数値化等して、その大きいものから対策を立てていこうという考え方です」。こう私が説明した直後、今度はCさんから「つまり、まだ起こっていない労災事故まで予想して、その対策を取るということですか？」と質問が投げかけられました。

「〝環境アセスメント〟って聞いたことがありますか？　これから始めようとする開発が環境に悪影響を与えないか事前に予測・評価することですね。リスクアセスメントも同様に、労災事故を発生させないために、その危険因子を事前調査するために行うんです」と解説しました。

すると社長さんから、「なるほどよく分かりました。Aさん、Bさんに教えてもらって、これからやってみようと思います。2人とも頼みますね！」との心強い発言がありました。

「何度も困難を乗り越え、大変なミッションを成し遂げた宇宙探査機〝はやぶさ〟に代表されるように、宇宙開発の分野では、万が一の対策が二重三重に考えられています。〝ちょっとした危険の芽を見つけ出し、幾重にも対策を練る〟。労災防止も宇宙開発も目的を達成するために、やることは同じかもしれませんね。では、早速巡視をはじめましょうか！」

私はこうして、職場巡視の前には必ず目的や知識を十分話すようにしています。今では、Aさん、Bさんが核となって、リスクアセスメントを進めてくれていることでしょう。

（木下　隆二）

19

衛生管理者を活用しよう

あなたはご自分の事業場で選任されている衛生管理者が、どなたかご存知ですか？　衛生管理者は、事業場の中で特に目立つ仕事をしているわけではありませんので、その存在をご存知ない方も多いかもしれません。しかし、衛生管理者は、事業場で働く労働者の健康確保と健康な職場を形成するという中で、事業場のキーパーソンとなる存在です。今回は、その衛生管理者にスポットを当ててみたいと思います。

衛生管理者を目指す方の多くは、会社で自分の仕事をこなしながら、国家試験合格を目指してプライベートでも勉強しています。第一種衛生管理者（有害業務などがある業種に適用）の場合、約50～60％の合格率で、資格を取得した後、50人以上の労働者がいる事業場で職務を遂行します。法律では、事業場の規模に応じて選任する人数も定められています。

衛生管理者の役割は、近年、従来の職業性疾病への対策に加えて、過重労働対策やメンタルヘルス対策の推進役、ストレスチェック制度の実務担当など、多岐に渡っています。その中で、特に大切な職務として、「職場巡視」があります。ここでは私が、ある関係事業場の衛生管理者の職場巡視に同行した際の話を紹介します。

その衛生管理者は職場巡視の際、まずはその職場の管理・監督者に気さくに話しかけます。例えば、「仕事の調子はどう？」というような問いかけから、「それは大変だったね。ストレスも相当あったんじゃない?」、「そうなんですよ。彼なんか特に残業続きで…」。こんな感じで、それとなく会話のキャッチボールをしながら、その衛生管理者は、現場や作業者の様子に目を配っていました。職場巡視では、目に見えない部分も含め、その職場の本当の姿を観察し、悩みや心配事をひも解き、必要とされるアドバイスを提供できるよう、衛生管理者は心掛けています。

また、衛生管理者の仕事は、産業医や保健師、職場の管理・監督者といったスタッフとの連携も欠かせません。職場巡視には産業医が同行する場合もあり、その際、衛生管理者は、作業環境測定結果、特殊健康診断結果など職場の衛生管理に関係する情報を準備し、産業医と共に職場に適切なアドバイスができるよう連携しています。

衛生管理者は、事業者から衛生に係る技術的事項の管理、措置についての権限が与えられますが、トップを含め事業場で働くすべての人の役に立ちたいという、使命感を持って働いています。ぜひ、だれが事業場の衛生管理者なのかを確認して、皆さんの職場の巡視を要請してみてください。きっと衛生管理者は皆さんのお役に立てるよう、誠意をもって仕事をしてくれるはずです。

（神津　進）

20

グローバルな安全衛生活動への取組み

私の会社は、現在、グループ社員の約9割、売上げの約7割が海外の生産拠点で占められています。近年、経済のグローバル化が急速に進展し、日本の企業も生産拠点を海外に置き、それに伴って安全衛生活動もグローバル化しようとする企業が増えています。私の会社も同様で、ここではグローバルな安全衛生に取り組む中で得られた、効果的な活動を三つ紹介します。

一つ目は、労働安全衛生マネジメントシステム（OSHMS）の導入と活用です。OSHMSは用語の定義や要求事項が明確であり、その仕組みを海外拠点にも導入し運用することによって、統一した安全衛生管理を行うことが可能になりました。また、OSHMSの仕組みの一つに安全衛生方針を示すことが求められていますが、日本の本部から全社統一の方針をグローバルに配信することで、海外拠点はそれを基にその事業場の方針を定め、OSHMSに基づく活動を行い、その結果を日本の本部が収集して、安全衛生のレベルアップにつなげることができれば、グローバルな安全衛生管理を効率的に行うことができます。現在、OSHMSは「ISO45001」として開発が進められていますが、この国際規格が発効された折には、さらに安全衛生活動のグローバル化が進むのではないでしょうか。

二つ目は、企業内の安全衛生基準の策定と導入です。OSHMSを活用してグローバルな安全衛生管理体制を構築することと併行して、例えば、全社的に機械設備の安全基準やリスクアセスメントに関するガイドラインなどを策定して海外拠点へ導入することができれば、海外拠点での安全衛生をより具体的な活動として効果的に進めることができます。

三つ目は監査の実施です。ＯＳＨＭＳでは、事業場で内部監査を実施しますが、日本の本部組織が海外拠点を訪問し、職場巡視を行い、現場の状況を直接に確認し、問題点を抽出して具体的な改善提案を行うことができれば、海外拠点の安全衛生の更なるパフォーマンス向上につながります。

もちろん、威圧的な態度で一方的に押し付けては、現地のスタッフやチームメンバーの受け入れも思わしくありません。ＯＳＨＭＳや基準の導入も同様ですが、単なる一方通行の業務遂行ではなく、相手の文化や慣習を理解した上で、日ごろから良好なコミュニケーションを心掛け、心の通う活動にすることも大切な要素です。

企業を取り巻く人材やシステム、そして生産活動は、今後ますますグローバル化していきます。企業ごとに歴史や風土、事業活動はさまざまですので、全世界の海外拠点に共通する活動に取り組むことは簡単ではないかもしれませんが、ご自分の会社に合った活動方法を見つけて、グローバルな安全衛生活動に取り組んでみてはいかがでしょうか。

（神津　進）

21

「釜石の出来事」に学ぼう

みなさんは、「釜石の出来事」または、「釜石の奇跡」という教訓を知っていますか？　平成23年3月11日午後2時46分に発生した「東日本大震災」を思い出してください。その時、みなさんは何をしていましたか？　私は、その時、茨城県石岡市のある食品工場改修工事で安全パトロールを行っていました。激しい揺れが長く続いた恐怖を、5年たった今でも鮮明に思い出します。みなさんはいかがでしたか？

私は、その3カ月後、東北支店に転勤し、東北各地の震災復旧工事現場の安全パトロールに従事していました。ある時、現場の安全教育で何を話そうかと思案していた時、震災の後、テレビで見た「釜石の出来事」を思いついたのです。

「釜石の出来事」は、災害時の避難対策を専門とする群馬大学・災害社会工学研究室（片田敏孝教授）と釜石市とが、8年間にわたり津波からの避難方法を検討した成果が実を結んだ出来事です。片田教授らは「想定を信じるな」、「状況下で最善を尽くせ」、「率先避難者たれ」を避難3原則として掲げながら、これまで繰り返し防災教育や避難訓練を行っていました。そのため、今回の大災害時でも、防災意識の高い中学生の冷静な状況判断と自主的行動により、市内の小中学生3千名のほとんどの命を、間一髪で救うことができたのです。

私たち建設業でも「自ら考え、判断し、適切な行動ができる」人を育てることができたらすばらしいことです。この避難3原則を「安全3原則」に置き換えてみましょう。

「想定にとらわれるな！」

これまで自分の周りで事故・災害が起きていても、自分だけは大丈夫とすぐに行動へとつなげないものです。このような「楽観バイアス」を戒めて最悪の事態に備えることができる人、危険感受性を高め、常に安全意識を周りに発信できる人を育てましょう。

「最善を尽くせ」

危険を予知して最善の対策が実行できる人。現地KY等で積極的に発言し、皆で決めたことを守る人。日々の作業前点検を確実に実行できる人。そんな人を育てましょう。

「安全率先者たれ」

自ら率先して安全対策を実行し、働く仲間を守る人。自分たちの作業での危ないこと、有害なものを知っている人。危ないことをしない、近道行為をしない勇気を発揮できる人。危ないことを見たら声を掛けられる人。これらを実行できる人になりましょう。

「釜石の出来事」に倣い、安全教育と訓練を実行し、「不安全行動」を建設現場からなくしましょう。「ご安全に！」


（後藤　文男）

22

災害を活かす現地KY

私は、長年建設会社の安全衛生に携っています。仕事柄、毎月の事故・災害についてまとめて、各種の安全教育に活用していますが、そこには、類似事故・災害が多数記載されています。「外部足場組立作業中にバランスを崩して墜落」、「バックホウに巻き込まれる」、「アーク溶接の火花が建物や資材に燃え移る」等、枚挙にいとまがありません。なぜでしょうか。

私は、建設現場で働くみなさんが、「自分が携わる仕事にどのような事故・災害が発生しているのかを知らない」、「知っていても具体的な防止策を知らない」、「知っていてもやらない」のいずれかだと推測しています。今やいつでも、どこでも事故・災害の情報が手に入り、技能講習や特別教育では、必ず関係する法規や災害事例を学んでいるのに、なぜ類似災害がなくならないのでしょうか。ましてや毎日、「現地KY」もやっているのに。「今まで、事故・災害を起こしていないから、今日も昨日と同じ作業だから大丈夫」と、安全への意識が薄れているからではないでしょうか。

事業主や職長のみなさんには、これらの事故・災害事例は自分の身にも起こり得ることであり、災害を起こすと、家族や関係者に心配と迷惑をかけ、自分の夢や希望を遠ざけることになると、作業者のみなさんの心に刻みつけてほしいのです。

事故・災害事例の記載は、文章をまとめやすくするため、ややもすると直接関係するところ以外を省略することが多く、文章から受ける臨場感が薄くなります。ただ、年齢や作業グループの役割、日頃の作業状況等の周辺情報等も説明すると、作業者の皆さんも自分と重ねて想像しながら説明を聞け、イメージしやすく危険に対する感受性を高められます。

例えば、外部足場組立作業で、「なぜ親綱・安全帯を使用しなかったのか（コーナー部で1スパン移動するだけだから安全帯を使用しなくても大丈夫と思った）」、「いつも使用していなかったのか（親綱に傷があり廃棄したが予備が足りなかった）」、「会社や職長から使用するよう指示されていなかったのか（職長が打ち合わせでいなかった）」、「なぜ急ぐ必要があったのか（雨が降りそうで急いだ）」等、直接的な要因が発生する前に、いろいろな背後要因が見られる場合があります。作業者のみなさんにも思い当たる節があると思いますので、みんなでリスクアセスメントの手法を活用し解決していきましょう。

また、元請けや事業主の方にお願いがあります。不幸にして事故・災害が発生し、再発防止をする際は、被災者を含めた関係者に多く参加してもらって、責任を追及する場ではないことを理解してもらい、二度と同じような事故・災害を発生させないために、「現場」で、「現物」を見て「現実」的に実施できることを取り決めましょう。作業手順書には科学的かつ具体的な数値や、活用上の規則、また分かりやすい行動指針等を盛り込み、全員で活用しましょう。「ご安全に！」

（後藤　文男）

23 職場巡視で掛ける私のひと言

私は企業の専属産業医として働いています。産業医の仕事として、労働安全衛生法で月1回の産業医巡視が義務付けられています。それは働く人の健康管理をする上で「働いている現場を五感で体験すること」は基本中の基本であり、必要不可欠だと考えられているからです。

職場巡視の際は、改善意識が高いと、ついつい指摘にフォーカスがいきがちですが、私の母校である産業医科大学の先輩方からは「案内してくださる担当者の方への感謝の気持ちと、見せていただいた職場の良いところも意識して伝えること」と指導されました。私が現在の企業に赴任して初めての巡視のとき、この姿勢で臨んだところ、産業医巡視に対して「どんな指摘をされるのだろう」と最初は身構えていた安全衛生担当者も緊張がほぐれ、徐々に良好な関係を結んでくださるようになりました。

しかし年月が経過すると職場巡視もマンネリ化してしまい、「チェックリストを埋めるだけ」という状況になりつつありました。そんなとき参加したメンタルヘルスに関する勉強会で「褒め方講座」を学び、私はそれを職場巡視にも応用してみることにしました。

職場巡視を行う前に「今回の巡視を行う中で、この職場のアピールポイントは何ですか？　そこをしっかり拝見したいので教えてください」と質問し、相手に良いところを話してもらうのです。最初は少し戸惑っていた担当者も徐々に

「前回、指摘されたところをこうやって改善しました」、「ここの5Sを推進するときはこういう工夫をしました」などと話してくださるようになりました。

実はこの質問は、実際に自分たちができたことを話してもらう過程において、自分たちの取り組んできたことを実感することができるので、こちらが一方的に褒めるよりも自己効力感を高める効果があります。すると今度は「実はここがまだできていない。部門の協力を仰ぎたいがなかなか忙しく手が回らない」等の苦労や、悩みも打ち明けてくださるようになりました。コミュニケーションをしながら職場を見せてもらうことで、より改善が推進できるような産業医コメントを工夫し、改善のコツや様々な工夫などを部門へ水平展開できるようになりました。そして、巡視内容が深まり楽しくなりました。

私はマンネリ化していると感じた時、それは進歩のサインととらえています。これからも、いろんなことにアンテナを張り、コミュニケーションを大切にしながら活動していきたいと思います。

（小森　陽子）

24

感謝の科学

皆さん、「感謝」と聞くと、どんなイメージが浮かぶでしょうか？

もちろん感謝されると嬉しいですが、感謝した側も温かい気持ちになりますね。職場によっては「サンキューカード」や「ありがとう運動」などに取り組まれた経験をお持ちの方もいらっしゃるのではないかと思います。

「感謝」という言葉は、それだけ聞くと情緒的、あるいは道徳的な響きになることがありますが、ある研修会で学んだ「感謝」に関する科学的研究が大変興味深かったので、ご紹介します。

感謝の効果の一つ目は、身体への良い影響です。感謝をすることで、心拍数・血圧・呼吸数が正常化する、免疫系が改善し、風邪を引きにくくなる、睡眠を促す等の効果があります。

二つ目は心への良い影響です。感謝をすることで、抑うつ、不安の兆候が下がる、ストレスが低減する、幸福度が上がる等の効果があります。

三つ目は関係性への影響です。感謝をすることで助け合いの行為、道徳的行為、利他的行為が促進される、他人との比較や嫉妬、羨望の感情が減少する、他者とのつながりの感情が増す等の効果があります。

こう言われると「なるほど」と、思い当たることがあるのではないでしょうか。もちろん感謝は幸福感を高めたり、ストレスの低減を第一の目的としている手段ではありませんが、このような効果の存在を意識することが、一人ひとりの健康や幸せ、職場の健全性や良好な人間関係構築のヒントになっていくと思います。

実は私自身、短気で落ち込みやすく、自分の感情コントロールが難しいときも多々あります。その際に「感謝」と思っても、何だか強制されているように感じて実践するのが難しく、自己嫌悪に陥ってしまったことが何度もありました。でも、この感謝の効果を信じ意識し続けることで、小さな階段を登るように、自分の視野や考え方を広げ成長させていきたいと思っています。

最後にひと言。

こうして皆さんが一生懸命働いてくださるおかげで、安全で快適な社会で生活ができています。そのことに心から感謝するとともに、皆さんの安全、健康、幸せを心から願っています。

（小森　陽子）

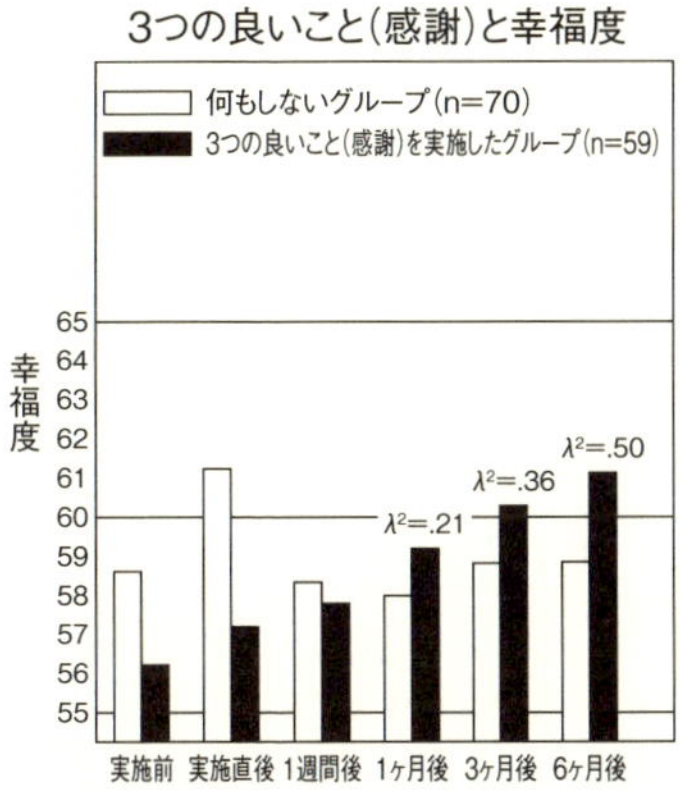

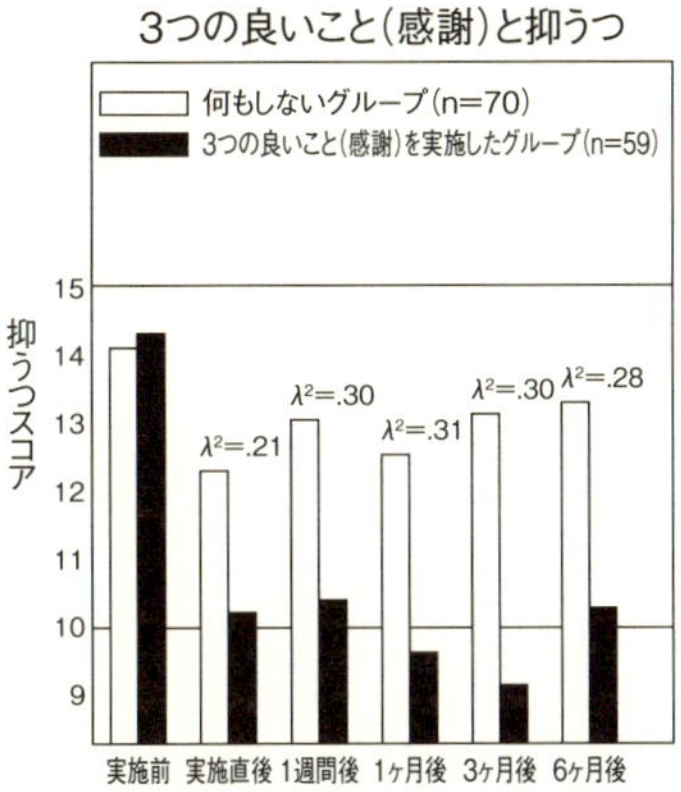

Seligman, M. E. P., Steen, T. A., Park, N., & Peterson, C. (2005). Positive psychology progress: Empirical validation of interventions. American Psychologist, 60, 410-421.

1日3つ感謝をすることで、幸福感が上昇し（左図）、抑うつ症状が減少した（右図）研究結果　※マーティン・セリグマン（元アメリカ心理学協会会長）らの研究

25 毎日の体操でカラダも気持ちもリフレッシュ

「3時になりました、体操の時間です…」。社内放送が流れ出すと、勤務中の従業員も仕事の手を休めて席を立ち、音楽に合わせて一斉にオリジナルの体操を行います。午後3時から2分半、毎日欠かさずに見られる当社の風景です。

当社の本社には、約300人の従業員が在籍しています。オフィスでの勤務ということもあり、パソコンを使用するデスクワークが基本となります。6年ほど前に、当時の役員が従業員の運動不足や姿勢の悪さを懸念し、職場環境改善の一環で何か方法はないかと考えました。そこで提案されたものが、このオリジナルの体操です。

プロのアスレティックトレーナーにこの状況を相談し、オリジナルのリフレッシュ体操を開発してもらいました。この体操には、五つの効果があります。

一つ目は、「カラダのバランス改善」、二つ目に「姿勢の矯正」、三つ目に「ヒップアップ」、四つ目に「肩こりや腰痛の予防・改善」、そして最後が「頸椎症やヘルニアなどの脊椎系疾患の予防」です。

この体操には、2分半で10種類の動きを盛り込んでいます。例えば、手を前に差し出して握ったり開いたりする「クイック・グーパー」。これには動作中に身体の異変を感じ取ることで頸椎症の早期発見に効果があります。また、片足を外に開いて腰を落とし両手でピストルを構える姿勢をつくって左右に動かす「ジェームズ・ボンド」には、股関節・上半身全体の機能改善に効果があり、ユニークな名称を付けることで親しみやすいものになっています。

自分の身長や体重、視力などを尋ねられて答えられない人はあまりいないと思いますが、自分の身体の「むだ、むら、むり」を知っている人は少ないと思います。ですが、この体操では、自分の身体の「むだ、むら、むり」を意識しながらバランスが取れるようになっています。毎日同じ体操をすることで、「きょうは身体のこの部分に違和感があるな、ちょっと集中し過ぎて姿勢が悪かったかな」と意識することができるのです。

導入当初は参加率も不安視していましたが、体操の映像を各自パソコンで見られるようにし、また担当者が前に出て手本を見せるなど、工夫をこらしたことで、ほとんどの従業員が時間になるといったん仕事を中断し、楽しみながら身体を動かすようになりました。体操は身体をリフレッシュさせるだけでなく、疲労を感じやすい午後3時に行うことで、就業時間までのモチベーションを維持することにも役立っています。

（近藤　孝昭）

26

いつ起こるかわからない「その時」に備えて

皆さんは、勤務中の同僚が突然目の前で倒れたら、どうしますか？　当社では、2年前に短期間で2回も社内で従業員が倒れ、救急車を要請する事態が発生しました。1件目は、会議中に席を立った男性従業員がトイレ内で倒れ、病院へ搬送後亡くなったというものです。死因は急性大動脈解離でした。このとき、当社の担当者は救急隊がスムーズに現場へ到着できるよう、事前に会社ビルの防災センターへ連絡したり、救急隊に手渡す当人の「住所・連絡先・健康診断結果」を用意するなどして対応に当たりました。

しかし、予想外に手間取ったことが、ご家族への連絡でした。当時会社では従業員の自宅の電話番号を緊急連絡先として登録していました。ところが従業員の自宅は留守で、即座にご家族へこの事態を連絡することができなかったのです。偶然奥様の携帯番号を知る者が社内におり、連絡は取れましたが、それでも事前にご家族の状況に応じた連絡先まで把握できていれば、と悔やまれる出来事でした。ところが、その数カ月後にも別の男性従業員が脳血管疾患で勤務中に倒れ、救急搬送されたのです。この従業員は幸い一命を取り留めましたが、ますます会社としては対策が急がれました。そこで導入したものが、「緊急連絡カード」でした。

この「緊急連絡カード」とは、二つ折りにすると名刺ほどのサイズで、従業員が事前に自身の「氏名」、「生年月日」、「血液型」、「自宅の電話番号」、「緊急連絡先」を3カ所、また「既往症」、「常用薬」、「アレルギー」など救急搬送時に必要な情報を記入しておくものです。このカードの参考にしたものが、ロードレーサーがレース中などに身に付ける「緊急連絡先カード」でした。これは、レーサーの事故や発病など、万一の事態に救護医療班が迅速に対応するための情報を記入するものです。当社の従業員は、社屋の入口ゲートを通過するために必要な「IDカード」を常に携帯して勤務しているため、この「IDカード」を入れているハードケースに必ず「緊急連絡カード」も入れ、携帯することにしました。

導入して判明したことは、カード内の3カ所の「緊急連絡先」は、従業員によって実にさまざまであるということです。単身者は実家や兄弟の連絡先、既婚者であれば配偶者の携帯番号や勤務先、子どもの通う学校や保育園、という具合です。各自の連絡先が把握できることだけでも、導入の意味は大きかったと思います。

導入から半年が経過した頃、初めてこの「緊急連絡カード」を使う場面がありました。また別の男性従業員が勤務中に倒れたのです。その場にいた別の従業員が救急車を要請すると同時に、カードに記載されていたご家族の連絡先へ連絡をすることができました。まさしく前回の反省が生きた瞬間でした。

従業員が倒れるということは起きてほしくないことですが、いつ起こるかわからない「その時」に備えて、会社ができることを改めて考えてみてはいかがでしょうか。

（近藤　孝昭）

27

「明元素」言葉で幸せを勝ちとろう

皆さんは「明元素《めいげんそ》」、「暗病反《あんびょうたん》」という言葉をご存知でしょうか？「明元素」とは、明るく元気で素直の頭文字です。その反対が「暗病反」。暗く、病的（病気ではない）、反抗的の頭文字です。「ありがとう運動」の教えです。

言葉には「暗病反言葉」と「明元素言葉」とがあります。「忙しい」、「疲れた」、「いやだ」、「難しい」、「つまらない」、「不幸だ」、「もう年だ」などが「暗病反言葉」です。一方、「充実している」、「元気だ」、「簡単だ」、「できる」、「やってみよう」、「おもしろい」、「素晴らしい」、「まだ若い」、「素敵だ」などが「明元素言葉」です。

「暗病反言葉」は消極的・否定的で、状況を暗転していくマイナスのエネルギーを持っていま す。現状打破には役立たず、現状維持言葉といえます。反対に、「明元素言葉」は積極的・肯定的で、状況を陽転していくエネルギーを持っています。現状打破に大いに力を発揮するので、現状打破言葉と言われています。そして「明元素言葉」の最も代表的な言葉が「ありがとう」と言われています。

言葉は、言霊《ことだま》と言われる強力なエネルギーを持っているそうです。日常的に「暗病反言葉」ばかりを使っていると本当に暗病反になってしまうし、「明元素言葉」を多く使っていると本当に心も明元素になっていき、状況も上向きになっていきます。

ですからピンチの時ほど、意識して明るく、積極的で肯定的な言葉づかいに変えていけば、強力な言霊エネルギーがチャンスに変えてくれるはずです。一方、消極的で否定的な言葉を使っている人は、当然ながら表情も暗く、生き方も消極的になります。もし生き方を変えたかったら、使う言葉も表情も明るく変えていかなければなりません。

「幸せだから感謝するのではない。感謝をしているから幸せなのだ」という「ありがとう運動」の教えの通り、言葉や表情を明るく変えれば、心も人生も明るくなっていくはずです。大きな目的や目標を達成するのはそう簡単ではなく、途中で挫折することも多いものです。ですから一度決めたら、諦めない、やめない、継続していくという、まさに不退転の決意が必要となります。この場合、他人とではなく自分自身と戦うことが必要となります。

「いやだ」、「つらい」、「できない」と否定的に言えば、本当に実現できません。そうでなく肯定的・積極的に「やってみよう」、「頑張ってみよう」、「できる」ととらえれば、実現可能性は上がると思います。そのためには、まず言葉の習慣から変えてみませんか？

（竹内　千里）

28

ＡＫＢで人づくり、職場風土づくり

ＡＫＢ。これは、アイドルグループ〝ＡＫＢ48〟の明るく元気なイメージにあやかりネーミングした、当社の人づくりと職場風土づくりの運動論のことです。Ａは「挨拶」、Ｋは「声掛け」、Ｂは「凡事徹底」の頭文字です。

まず「挨拶」は、人間関係と明るい職場づくりの基本です。お客様に対して、また社員同士で挨拶がキチンとできない、という過去の指摘からの反省です。

次は「声掛け」です。これも過去に、社員同士が現場で顔を合わせた際に、事前に現場の状況や注意点を話し合わずに仕事に入り、トラブルになりそうになったからです。特に新人や現場経験の浅い人へは、積極的に声掛けをすることが事故防止上、極めて有効だからです。

そして最後は「凡事徹底」です。凡事徹底の凡事とは、ありきたりのこと、当たり前のことです。そして凡事徹底とは当たり前のことを当たり前にやり抜こうという意味です。

「多くの会社で、凡事がないがしろにされ、基本を忘れた仕事が増えている。そのために、お客様に失礼な対応をしたり、職場全体に迷惑をかけたり、さまざまなトラブルを起こしている。業績低迷につながっていることさえある。みんな頭ではやらなければならないと分かっていても、ついつい安易な道を選んでしまうのだ。凡事を徹底することの価値が本当に分かっていないからだ。仕事に安易な近道などない。まず日々の凡事徹底を貫くことだ」。

わが社はこの教えに従って、人づくり、職場風土づくりをしています。凡事の具体的事例には、挨拶、清掃、報連相、すぐやる、言葉づかい、ありがとうございます、素直に他人の声に学ぶ、協力・チームワークなどがあり、いずれも社会人としての基本事項です。安全の世界でいえば「指差し呼称」が最たるものです。

残念ながら以前の当社は、凡事徹底とはとても言えない状況でした。そこで凡事徹底を会社の企業理念に掲げ、凡事徹底の考え方や実践方法の勉強を繰り返してきました。会議や研修時にはオアシス運動の訓練や指差し呼称の基本動作を繰り返し、指差し唱和やタッチアンドコールも毎回定例メニューとしています。中でも人間関係の基本となる挨拶と報連相を強調するために、AKB48の明るく元気なイメージを取り入れ、「AKB運動」とネーミングしました。今はAKBのシールをヘルメットに貼り、意識高揚に努めています。

挨拶、声掛け、清掃は、一回だけなら何とかできますが、これを継続できるかどうかが成否の別れ道となります。ですから、これらを会議や研修などで繰り返し、潜在意識に叩き込み、やることが当たり前になるまで繰り返すことが必要になります。そしてこれらを正しいやり方で行うよう訓練することも重要です。オアシス運動、指差し呼称や指差し唱和はときどき、基本に返って研修し実技指導を行っています。

今後もAKBで明るく元気で楽しい、人づくり、職場風土づくりを継続していきます。


（竹内　千里）

29 叱り方のレシピ

みなさんは、叱った経験、叱られた経験として何を思い浮かべますか？　今回は叱り方についてお話ししたいと思います。

私は、子供に「こんな時間まで何していたんだ」と叱ったことを思い出します。門限を決めていても遅れて帰ってきた場合は、ついこのような叱り方をしていました。

みなさんもこんな経験がありませんか？　例えば、部下が約束の時間に来なかったときに「今、何時だと思っているんだ！」と叱ったり、いつも普通に仕事をしている同僚がありえないミスをしてしまった時に「なんでこんなつまらないミスをするんだ！」と詰め寄ってしまったり…。もちろん、ついカッとなって叱ることもあるでしょう。でも、それはしょうがないことです。

先ほどの私が娘を叱ったケースですが、もちろん娘は、「関係ないでしょ！」と怒って、そのまま何日も口をききませんでした。

みなさんが叱った相手はどうでしたか？　素直に事情を説明してくれましたか？　それともムッとしましたか？　人間叱られれば、ムッとします。それも理由を聞かずに叱られればなおさらです。ただ、こちらもイライラしていますから、なかなか理由を聞くこともできないですよね。

私は娘を叱った後、叱り方が悪かったんだなと反省しました。ではどんな叱り方がよかったのでしょう。いろいろ考える中で、そもそも自分がなぜ、娘を叱ったのかを考えてみました。そしてその「なぜ」を娘に伝えるべきだったと思ったのです。それからは、私が誰かを叱る場合には、そもそもなぜ自分が叱っているかの理由を付け加えるように気をつけています。先ほどの娘との会話であれば、何かあったのではないかととても心配した気持ちについて、最初にこう付け加えるべきだったのです。

「こんな時間まで何をしていたんだ。とても心配したぞ」と。結果、娘は素直に「ごめんなさい」と謝ってくれたことを覚えています。ぜひ職場でも、誰かを叱る場合は、なぜ自分が叱ろうとしているのか、その気持ちを考え、伝えるようにしてみてください。

初めに挙げた部下や同僚のケースですと「今、何時だと思っているんだ。先方に間に合わなくなると思いあせったぞ」、「なんでこんなつまらないミスをしてしまったの？　君らしくないね。心配事でもあるの？」など叱る原因となった感情も伝えてみてください。それだけで、職場でのつまらない諍《いさか》いや誤解は減り、信頼感の増した職場環境になると思います。

（築島　孝浩）

30

笑いの効用

みなさんは1日に何回ぐらい笑ってますか？ 大笑い、思い出し笑い、作り笑い、含み笑いなど笑いにはいろいろありますが、どんな笑いでもいいので思い出してみてください。1日20回以上笑っている人はいますか？ ある本によれば、子どもは1日平均３００回笑うが、大人は17回で、70歳以上になると2回しか笑わなくなると言います。今回は、「笑い」について話をしたいと思います。

私は小学校5年生の時に急性虫垂炎になり、入院していました。その時に友達に笑わされ、手術痕がひきつり痛くなり、「笑わせるのを止めてくれ」と叫んだ覚えがあります。その時は笑わせないでほしいと思いましたが、実は笑いはとても簡単にできる健康法です。

例えば、体内に侵入したウイルスなどを攻撃するＮＫ（ナチュラルキラー）細胞を、笑いで活性化することで免疫力を高めることができるそうです。ただ免疫力は強すぎても自分自身の体まで攻撃してしまうので、強ければよいというものではありません。笑いはＮＫ細胞の働きが低い場合は高くし、高すぎる場合は低くします。また、免疫システム全体のバランスを整える効果があることが分かっています。

そして研究によると、リウマチ患者の集団に40分間のリウマチに関する講義を聞いてもらった後と、同じ集団に40分間落語を聞いてもらった後では、前者は、ストレスホルモンの増加が見られましたが、後者では鎮痛剤の1週間分のストレスホルモンの減少が見られたそうです。まさに笑いによってストレスが減少することが証明された一例ですね。

また腹の底から笑っているときは、深呼吸をしたのと同じ効果がありますし、笑いすぎておなかが痛くなる場合は、おなかや背中の筋肉が強化されています。その他にも、糖尿病患者の血糖値を下げたり、幸福感をもたらしたり、モルヒネの6倍もの鎮静作用で痛みを軽減することも分かっています。まさに笑いは、お金のからない健康法なのです。

というわけで最初の質問ですが、みなさんは普段どのぐらい笑っていますか？　仕事をしているときは笑える状況は少ないと思います。そのような状況では、ぜひ「作り笑顔」をやってみてください。そもそも脳はどうやって「笑っている」と認識しているのでしょう。笑顔は、口角を上げる大頬骨筋や目の周りの眼輪筋などの表情筋が動いてできるのですが、別に楽しいことがなくても、この表情を作るだけで脳は笑っていると錯覚するのです。箸を歯で横にくわえているイメージで〝作り笑顔〟をするだけでも、脳のドーパミン系の神経活動が活発になって、「心地いい」の感情が引き起こされたとの報告もあります。

なのでぜひ、気持ちが沈んでいる時にこそ、仕事に向かいながらでも〝作り笑顔〟をしてほしいと思います。先ほどの考えでいけば作り笑顔をするだけで気分がほぐれるはずなので、職場で気分が滅入ることがあった場合は、是非試していただき、元気で安全な職場生活に役立ててみてください。

（築島　孝浩）

31

ストレスをコントロールしよう

ストレスは悪者と考えられがちですが、決してそうではありません。ストレスは私たちへの刺激です。刺激が適度にあると、私たちはその刺激に反応して適切な行動を起こしていきます。例えば、ある仕事上の課題（ストレス）があったとしましょう。これを考え実行し課題を解決できれば、達成感や「うまくいって良かった」などの感情が起こります。

一方、こんな困難な課題を一人で解決できるはずがないと考えてしまい、解決できないと気分は沈んでしまいます。従って、ストレスがあっても、反応は人によってさまざまなのです。例えば、働かなくても楽に生活できるようになれば、だれもがダラダラと何もしなくなってしまうかもしれません。つまり私たちは、ストレスを適切な状態になるようコントロールすることが必要なのです。

ストレスコントロールというと、いつもストレスを減らすことばかり（仕事を減らすことばかり）が注目されますが、通常レベルの仕事なのに過重な仕事に変貌させないようにすることも必要です。特に難しい仕事の場合は、何か改善することで負担が減らせるかもしれない、と考えることが大切です。仕事の負荷を減らすキーワードは、「チームワーク」と「コミュニケーション」です。

もし、仕事で大きな課題やカベに直面したときは、職場で役割分担して、それぞれの課題を小さくしてみんなで取り組みましょう。その際は、みんなが同じ方向を向いて、お互いの進捗状況や、いま困っていることなどを共有化し（コミュニケーション）、お互いが助け合う気持ち（チームワーク）を実践できれば、ストレスは減るのです。このためには、感情的にならず、素直に自分の状態や気持ちを表現することがとても大切です。

ストレスに強くなるために一番大切で簡単なことは、感動したり、楽しい・気持ちいいと感じる時間を大切にすることです。実は、感動や楽しい・気持ちいいと感じることは、不安な気持ちを抑え、脳の働きを活性化する効果があると言われています。そこで、日常生活に楽しい・気持ちいいと感じる時間をあらかじめ確保しておく、休日の趣味や自分のためのイベントを散りばめておくことが大切です。

さらに、疲労やストレスが溜まったなぁと感じたら、休養する・遊ぶことを前向きに行いましょう。頑張る期間があれば、必ず休む期間をつくるなどのＯＮとＯＦＦを切り替え、生活に変化を、そして楽しむ時間と気持ちいい時間を持つことが、ストレスに強くなるコツです。

（土肥　誠太郎）

32

「健康経営」って何？

「健康経営」とは、企業が従業員の健康増進を積極的に支援推進することにより、従業員の幸福に貢献し企業の活動を効率化し、企業経営者も従業員もお互いに健康というメリットを享受しようとする考え方です。では、今なぜこのような考え方が注目を浴びてきたのでしょうか？

わが国の人口の高齢化は今後さらに進んでいき、年金を受け取れる年齢が上がり、私たちは今まで以上に健康で働き続ける必要があります。また、高齢者が増えると医療費が上昇しますが、医療費を負担できる若者は減少します。このため、子どもたちの世代が医療費を負担できるように、私たちが健康を保持して医療費の負担を下げる必要があります。

一方で、若い働き手が減る中で、高年齢でも元気で働ける従業員がたくさんいることは、企業にとって大きなメリットです。

従業員の健康の保持増進は、従業員はもとより、人々の活力や経済的側面からも家庭・地域社会にとって重要な要素ですので、企業が従業員の健康の保持増進を推進することは、企業の社会的責任といわれています。

健康経営を進めることにより、健康な従業員が増えれば、従業員の家族の幸福につながります。さらに、健康な方々が退職して地域社会で活動すれば、地域社会の活性化につながります。地域社会が活性化すれば、日本が元気になり地域社会で活動する多くの人がさらに元気になり、お互いを支え合うことができるようになっていきます。このように、働く人の健康が企業・地域社会・日本を元気にしていくのです。これが「健康経営」です。

一見、健康経営は、何か難しいことのように感じるかもしれません。でも実は簡単に実践できるのです。まず健康は、個人だけで考えることではなく、みんなで考えることだという意識を持つことです。そして、職場全体で健康になろうと考えることが重要です。

職場の一人ひとりと職場全体が健康に関心を持ち、「一日一万歩」、「毎日きちんと職場体操」、「休肝日をつくろう」など、職場全員でできる目標と、個人個人に合った健康目標を設定し、お互いに励ましあいながら実践していく、これで「職場の健康経営」が出来上がります。これが、会社全体に広まれば、「会社の健康経営」になります。もちろん、会社が率先してこのような取り組みを進めることが重要ですが、先ほどのようにボトムアップで健康経営を推進することも可能です。「みんなで健康」を合言葉に健康増進を進めましょう。

（土肥　誠太郎）

33

「騒音性難聴」を予防しよう

自分にとって都合の悪いことは聞こえず、都合の良いことだけを選択的に聞く能力に長けている人がいます。周囲は迷惑ですが、本人にとっては幸せかもしれませんね。ところが、大きな音を聞き続けることによって生じる、「騒音性難聴」の場合は、本人の都合の良し悪しにかかわらず、周囲の音が聞こえなくなってしまうので、本人にとって不幸な状況です。「騒音性難聴」自体で命を落とすことはありませんが、車のクラクションに気づかずに交通事故に遭うなど、安全上のリスクは増加しますし、人との会話が困難になったり、自然の音や音楽も楽しめないなど、生活の品質も極めて低下してしまいます。

若いころは、音のセンサーの働きをする細胞が耳の中にきれいに並んで配置されていますが、年を取ると細胞が脱落していき、次第に耳が聞こえなくなっていきます。ところが、85デシベルより大きな音を聞き続けていると、細胞の脱落が加速されて、騒音性難聴が進むことになります。一般には、騒音性難聴は、人間の声より高い音から聞こえなくなるため、初期症状に気づきにくく、日常会話で異常に気づいた時には症状が相当進んでいることになります。残念ながら、今の技術では細胞は元の状態に回復できないために、騒音性難聴の予防には、大きな音を聞かないことが重要です。

さて、世の中には、大きな音が至る所にあふれており、実生活においては大きな音を聞くなと言っても難しいことも多いでしょう。そこでお願いしたいのが、耳栓やイヤーマフなどの防音保護具を正しく着用することです。保護具も、どのタイプでも着用していればよいというのではなく、騒音の極めて大きい場所では、遮音性能の高い保護具を選ぶ必要があります。しかし、遮音性能の高い保護具を選んでも、正しく着用しないと効果は十分に発揮されません。例えば、耳栓は、耳の奥までしっかり差し込まないと、能力は十分に発揮されません。

「耳栓をしたら作業者同士の声が聞こえなくなるから、耳栓をゆるく装着したい」と言う人がいますが、本当にそうでしょうか？　真夏の太陽がまぶしいとき、皆さんもサングラスを使いますよね。サングラスを使うと、目に入る光量は減るのですが、周囲とのコントラストがはっきりして見やすくなります。耳栓も同じで、実際には騒音の大きい所では、耳栓をした方が会話の内容が聞き取りやすくなります。

親からもらった聴力という大切なプレゼントは、一生大切に使っていただきたいと切に思います。そのためにも、保護具は確実に装着してください。

（中原　浩彦）

34

お互いの思いやりで熱中症予防

「熱中症」は、高温多湿の環境下で、体内の水分や塩分のバランスが崩れたり、体内の体温調節機能が破たんするなどして起こる障害の総称です。厚生労働省のデータによると、毎年400から500名程度の死傷者が出ており、最もリスクの高い、命にかかわる労働疾病のひとつと言ってよいでしょう。一方で、対策を取れば予防できる疾病でもあります。

熱中症予防の基本は、作業現場の熱中症リスクを把握して、リスクに応じた休憩・給水を行うことです。

リスクが高い場合には、作業を中断すべき状況もあるかもしれません。そのためには、事前に、リスクに応じた休憩・給水のルールを決めておく必要があります。現場では、WBGT計や温湿度計を設置し、監督者がこまめに熱中症リスクを把握して、リスクに応じて休憩・給水ルールを徹底することが重要です。そのためにも、給水所を作業現場近くに設置するなど、いつでも給水できる作業現場を作ることが大切です。リスクによってはスポットクーラー等を設置して、作業場の温度を下げることが必要な場合もあるでしょう。

しかし、熱中症対策はこれで十分ではありません。人によっては体質的に熱中症になりやすい方や、別の病気を治療している方もいます。その場合、主治医のアドバイスを得て適切に就業配慮をする必要があります。

また、下痢等で朝から脱水状態だったり、睡眠不足で体調が悪い作業者もいるかもしれません。また、毎日、朝食抜きで出社している人もいるかもしれません。こういう人は、熱中症リスクが高いと言えるでしょう。

熱中症予防には、まずは「自己の体調管理」をしっかりしましょう。作業の前日は睡眠を十分にとって、朝食もしっかり食べて、元気に出社しましょう。作業中にトイレに行く回数が減ったり、尿の色が濃い場合は、水分が不足していますので、速やかに水分補給をしましょう。また、体調がすぐれない時には、速やかに監督者に申告する勇気を持ちましょう。ただ現実には、体調が悪い場合でも、周りに迷惑がかかると考えたり、仕事がひと区切りするまで頑張ろうとする人もいるでしょう。そこで重要になるのが、「現場での相互の体調確認」です。

例えば、監督者が全員の体調を、朝・昼の作業前などに確認することは大切です。作業中も、「体調はどう?」、「無理しないで、少し水を飲んで休もう」などのお互いの声かけが大切です。万一、体調不良の申告があったり、体調不良者を発見した場合、速やかに適切な処置を取ることが、重症化防止のために極めて重要です。休憩しても必ずしも熱中症は回復しません。処置の遅れが深刻な結果になることもあります。そのためにも、現場のコミュニケーションが重要です。

人と人とのつながり、お互いの思いやりが、実際の現場での熱中症予防の下支えをしてくれると思うのです。

（中原　浩彦）

35

しなやかに生きる

昨冬、私は雪吊《ゆきつ》りが見たくて金沢の兼六園へ出掛けました。雪吊りは、北陸特有の重たい雪によって樹木が折れるのを防ぐための知恵と技です。兼六園の雪吊りは、毎年11月1日、名木「唐崎の松（13代前田家藩主が滋賀の唐崎から取り寄せ、育てたといわれる黒松）」から始められる習わしがあり、観光客も固唾《かたず》をのんでその作業を見守るそうです。

私が兼六園を訪ねた時、庭園内は連日の雪で真っ白でした。樹木の上にも灯籠や池に架かった橋の上にも雪がずっしり積もっていました。まさに雪吊りが本領を発揮していました。松の枝の中心に立てられた芯柱から放射状に縄が広がる姿は、金沢の冬の風物詩と言われるにふさわしく、雄大でした。雪吊りが施された木々を眺めながら、五木寛之氏の著書「養生の実技」に書かれていることを思い出しました。五木氏は金沢と縁の深い作家です。雪吊りが必要なのは、雪の重さにパキッと折れてしまう固くて丈夫そうな太い枝を持つ木だそうです。一見細くて曲がる枝は、雪が降り積もっても、しなってするりと雪を滑り落とすというわけです。五木氏は雪吊りを私たちの心身に例え、こんなふうに説明しています。

日々の暮らしの中で、いろいろな重さが私たちの心と体にのしかかってきます。風邪をひく、頭が痛い、眠れない、気持ちが萎《な》える、そんなときは、それらを叩きつぶそうとせず、体や心が発する声に耳を傾け、降り積もった雪を滑り落とすように手伝いをすればよいのです。つまり、突っ張らないこと、屈すること、曲がること、しなうことで、のしかかる重圧から切り抜けるのです。それがポッキリ折れずにすむコツだそうです。五木氏は「養生の実技」に、いかに強くなるかではなく、いかに曲がるか、いかに萎えるか、どうすれば折れずに生きていくことができるかを語り、氏自身の養生の実際を紹介しています。

さて、人間には適応力というものがあり、これはストレスの原因となるストレッサーに対する順応性、柔軟性といえましょう。さまざまな環境の変化に適応する力は、とても大切だと考えます。「柔弱は剛強に勝つ」と説いたのは老子です。柔らかくしなやかな生き方こそが、本当の強さといえるのではないでしょうか。樹木は雪吊りによって雪の重みから守られますが、人間にはさまざまな重圧から身を守るために纏《まと》うものはありません。特に変化が早く、多様化した時代にあっては、自らがしなやかさを備える必要があると思います。北陸新幹線の開業で、金沢が賑わっているようです。加賀百万石前田家の庭園として造られた国の特別名勝兼六園は、日本三名園の一つです。晩秋から冬の兼六園へ行く機会があれば、雪吊りをご覧になってはいかがでしょうか。

（根岸　茂登美）

36

「伝わらない」ということから始まるコミュニケーション

日本経済団体連合会が企業を対象に行った、新卒採用に関するアンケート調査（2014年7月実施）によれば、企業が最も重視するのは「コミュニケーション能力」だそうです。このアンケートは、企業に新卒採用者の選考にあたって重視したことを、全25項目から5項目選択する形式で回答を求めたものです。結果は、「コミュニケーション能力」が82％で11年連続第1位となっています。特に、ここ5年は80％を超える高値で推移しており、第2位の「主体性」（61・1％）を大きく引き離しています。

これらの調査結果から、社会生活を送る上でいかにコミュニケーションが重要かということに加え、コミュニケーションが図れない新卒者が増加していることが背景にあると推測されます。しかし、コミュニケーション不足は若い世代に限ったことではありません。インターネットの普及等により、人と人との対話が少なくなっているのは社会全体の傾向と考えられます。

コミュニケーションに関するいくつもの本を記している劇作家・演出家の平田オリザ氏は、「会話」でなく「対話」をすすめています。平田氏によれば、会話とは「価値観や生活習慣などが近い親しい者同士のおしゃべり」、対話とは「あまり親しくない人同士の価値観や情報の交換、あるいは親しい人同士でも価値観が異なるときに起こるその摺《す》り合わせ」と定義しています。また、対話は「知らない」ということを前提として行うコミュニケーションであると説明しています。そして、平田氏は著書「対話のレッスン―日本人のためのコミュニケーション術―」の中で、21世紀のコミュニケーションについて次のように述べています。

「コミュニケーションは『伝わらない』ということから始まる。対話の出発点はここにしかない。私とあなたは違うということ。私とあなたは違う言葉を話しているということ。私は、あなたが分からないということ。私が大事にしていることを、あなたも大事にしてくれているとは限らないということ。そして、それでも私たちは、理解し合える部分を少しずつ増やし、広げて、ひとつの社会のなかで生きていかなければならないということ。そしてさらに、そのことは決して苦痛なことではなく、差異のなかに喜びを見いだす方法も、きっとあるということ」。

さて、あなたは対話をしているでしょうか。当たり障りなく、表面的な会話で済ませてしまうことが多くなっていないでしょうか。対話をする時に意見の対立を恐れてはいけません。立場や役割が異なれば考え方に差異があって当然です。価値観や発想の違いがあって当たり前です。時には激論を交わすことがあってもよいのではないでしょうか。相手を知る、相手に知ってもらうのは並大抵のことではありません。対話は「伝わらない」ということから始まるのです。互いの差異を互いが認めた時に、コミュニケーションは発展していくに違いありません。企業が必要とするコミュニケーション能力とは、このように異なる価値観の摺り合わせができる対話力なのではないでしょうか。

（根岸　茂登美）

37

「相棒」との3回唱和で分かったこと

私の趣味はエクストリームという競技です。おそらく、ほとんどの方は知らないと思いますので、まず簡単に説明します。

エクストリームはアメリカ発祥の競技で、相棒と一緒に障害コースを走って、そのタイムを競う障害物競走です。「相棒」といっても人間ではなく「犬」です。一緒に走るといっても、自分の相棒（愛犬）がいかに早く走れるかのみを競うのです。人間は犬に伴走しながらタイミングを見計らって、「ゴー」とか「リング」、「ジャンプ」、「アップ」、「スラ」などと声を掛けていきます。

伴走する人間をハンドラーと呼び、犬に指示を出す掛け声をコマンドと言います。足の速い犬や体幹のしっかりした犬など、犬それぞれのポテンシャルも影響しますが、それだけでは決して競技で良い成績は出せません。大切なことは、ハンドラーがコマンドを出すタイミングや伴走する位置取り、スピード調整で、何より勝負を決するのは、犬と一体となって戦うのだという、種を超えた共感性です。私はいまの相棒と組んでかれこれ8年ほどになりますが、残念ながらポテンシャルの高い相棒の能力を、私が引き出せていないのが現状です。

さて、このエクストリーム競技で、失敗しやすい箇所の一つにスタートダッシュがあります。「ゴー」と言ってスタートを切ったときが、犬も人間も競技の中で最も興奮し、頭が真っ白になっています。また慌てているので、目前に迫った輪くぐりの障害物を見て、私が「リング」というコマンドを突然発声すると、犬もびっくりして歩調を整えるため足踏みしたり、無理に跳んでリングに体をひっかけてしまうミスをしてしまいます。また、場合によっては犬がケガをする危険もあります。

私はある競技会で、このスタートダッシュをスムーズにする方法はないかと考え、いつも会社で指導しているKYTの「指差し呼称3回唱和」を思いつきました。その日のスタート直後の障害配置は、リング、ジャンプバー、スラロームの順番でした。いよいよスタートゲートに構えたとき、私は障害物を指さして、大きな声で「リング」「ジャンプ」「スラ」、「リング」「ジャンプ」「スラ」、「リング」「ジャンプ」「スラ」、と3回呼称してみました。相棒も「ワン」「ワン」「ワン」と唱和してくれ、「ゴー」サインでスタートしました。するとスタートで慌てることもなく、またコマンドのタイミングがズレたにもかかわらず、障害をスムーズに越えて行きます。3回唱和して頭に叩き込んでおくことは、犬でも効果があると分かり、人間ならなおさら効果があるはずと確信した体験でした。皆さんも3回唱和を職場で取り入れてみてください。

（野々山　好一）

38 ゆっくり動くものの危険性

「課長！事故だ、すぐに来てくれ」。職長に電話で呼び出され、急いで現地に行くと、すでに被災者は救急車で運ばれ、職長が引きつった顔で待っていました。被災者のケガの現状を聞くと、右腕を複雑骨折していました。原因はダライ粉（旋盤等で切削した金属の切り屑）の入った箱台車を、屋上ピットに上げるエレベーターに腕をはさまれたのでした。箱台車を投入し、ドアを閉め、ロックしない限り動かないのに、どうしてそうなったのかと聞くと、たびたび箱台車の上に道具を忘れ、慌ててエレベーターを止めることが多く、ドアに付いているガラスの覗き窓を外し、そこからエレベーターが動き出す前に、腕を入れて忘れ物を取っていたようです。例えエレベーターが動いても、ゆっくりで十分間に合うと思ったようですが、被災時は、手袋が箱台車の連結部に引っ掛かって、抜けなくなってしまったのです。

それから数年後、安全衛生担当になり、新規設備の稼働前点検に行った時、設備の上にクランク機構があり、鉄のブレードが鋏《はさみ》のように交差しながらゆっくり動いているのが目に留まりました。設備担当者に、はさまれる危険があるのでカバーをするよう提案すると、床から3メートル以上も上にあり、止まっているくらいゆっくり動いているので必要ないと説得され、私も「まあいいか」と妥協してしまいました。

それから2、3カ月後、設備のメンテナンスをしていた工事業者の作業者が、仮設の架台から降りるとき、そのブレードをつかんで降りようとして、指を4本切断する大事故が発生しました。ブレードの動きがゆっくりで、危ないという認識がなかったようです。悔やんでも悔やみ切れない失敗でした。

さらに数年後、工事業者で組織する安全衛生協力会の委員を委嘱されて数カ月たった時、会員会社の作業者が、工場の排水処理場で、沈殿汚泥を排出するスクリューコンベヤーに手首を巻き込まれ、手首から先の機能を失う大事故が発生しました。このケースも、本来は設備を止めてメンテナンスするところ、スクリューコンベヤーの回転がゆっくりしているので油断して、引っ掛かった異物を取り除こうと手を出したところ、コンベヤーのスクリューに手袋が引っ掛かったということです。

これらは私が経験した「ゆっくり動くものの危険性」です。高速で回転し、大音量を発し、激しく振動するものは、人間は本能的に危険を察知して、近づいたり手を出したりしませんが、ゆっくり動くものを甘く見てしまう傾向があります。皆さんの職場でゆっくり動くものがあれば、カバーをして、手を入れたらスイッチが切れるように改善してください。ゆっくり動くものは意外に速いのです。

（野々山　好一）

39

満天の夜空に舞った晴れ着

平成3年もあと10日となった12月21日の夕刻、上司に、当時3歳になる娘の誕生日なのでお先に失礼しますと自席を立った瞬間、警備担当から緊急電話が入りました。ミニバイクで帰宅途中の従業員が交通事故で救急搬送されたとの一報でした。取るものも取らず病院に駆けつけましたが、残念ながら頸椎損傷他で、即死の状態でした。遺体にすがりつき、呻《うめ》くように娘の名前を呼び続ける父親と、ご遺体を地元警察署に安置し、諸手続きを終えて葬儀会社の到着を待っていました。そこへ、地域で同じ総務安全担当をされているA社の知人が、恐縮しながら声を掛けてきました。

話を伺うと、同社の従業員の運転する乗用車が出会い頭にミニバイクと衝突した惨事があったとのことでした。見通しの良い丘陵の茶畑を走行中、信号機のない十字路で起きた、いわゆる「コリジョンコース現象」と言われる事故でした。この現象は、人間の中心視野の関係からお互いを早期に認識することが難しい現象で、別名「石狩事故」とも呼ばれています。

また、ちょうど同じ時刻に、別の会社の総務担当の知人2人も警察署に現れたのです。何事かと尋ねると、B社の従業員が会社正門前の横断歩道を横断中に、C社の従業員の運転する乗用車に激突され即死したとのことでした。原因は、冬の日没時の「薄暮」で運転手からの横断者の認識が遅れたことによる事故でした。なんということだろう、地元でも大手と呼ばれ、交通安全活動にも積極的だった会社の従業員が、加害・被害は別として、一瞬にして4人も死亡事故の当事者になろうとは…。それも、こんな小さなヒューマンファクターから発生した些細《ささい》なミスで…と絶句しました。これを機にわが社では、交通安全専門委員会を立ち上げ、会社の各門や駐車場・駐輪場はもとより、近隣の交通事情の悪いリスクの高い交差点等での立哨等の活動を通じて、交通事故が身近にあることを訴え続けています。

年の暮れ、透き通った冬の夜空に満天の星が降る中、当社従業員の通夜式が執り行われました。棺の中には、成人の日のために準備されていた晴れ着が納められており、20歳という若さで命を落とされた彼女の無念さ、ご家族様の悲しみを心に刻み、悲惨な交通事故や交通災害の撲滅を目指す新たなスタートとなりました。

私は、娘の誕生日を迎えるたびに、この悲惨な事故のことを思い出し、娘には「おめでとう」の言葉と一緒に「交通事故に遭わないよう、そして起こさないよう、交通ルール・マナーを守り、時間と気持ちに少しだけ『ゆとり』を持って行動しなさい」と言い続けていきたいと思います。

（羽深　勝也）

40

「全国安全週間」を迎えるたびに想う

平成23年7月1日、「全国安全週間（7月1日~7日）」を迎えるにあたり、その年ぐらい、その重みや大切さを感じない年はなかったように思います。同年、3月11日午後に発生した「東北地方太平洋沖地震」では、多くの人命が失われ、東北地方を中心に東日本で未曾有の甚大な被害となりました。この惨劇はわれわれの眼にいつまでも焼きついていることでしょう。

ここでは、この「全国安全週間」がどのように生まれ、現在に至ったのかを紹介しましょう。

ご承知のとおり、「全国安全週間」は、昭和3年に実施されて以来、「人命尊重」という崇高な基本理念の下、「全産業界における自主的な労働災害防止活動を推進するとともに、広く、一般の安全意識の高揚と安全活動の定着を図ること」を目的に、一度も中断することなく続けられ、平成27年度には88回目を迎えました。あらためて日本における「安全衛生運動」の歴史をたどってみると、その起源は大正時代初期までさかのぼることになります。

当時、アメリカから「安全第一（専一《せんいち》）」を日本に取り入れ、日本の安全運動の礎を築いた人物が3人いました。小田川《おだがわ》全之《まさゆき》、蒲生《がもう》俊文《としぶみ》、内《うち》田《だ》嘉吉《かきち》各氏です。大正5年、北米旅行を続けていた逓信省（旧・郵政省）の内田嘉吉氏は、ゆく先々で「SAFETY FIRST」という文字を目にし、大きな感銘を受けたそうです。そして、「セーフティ・ファースト」こそ時代の要求する精神である、そう心に誓って、帰国後「安全第二」を広めるために活動を始めたということです。

これを知り、内田氏に会いに行ったのが、東京帝国大学を卒業し、東京電気（現・東芝）で庶務課長をしていた、蒲生俊文氏でした。蒲生氏は2年前に業務上災害で死亡した夫の亡骸に顔を埋め、泣き入るばかりの妻を見て、「全ての労働者のために、かくのごとき事態を二度と発生させないために努力が必要だ」という強い信念のもと、職場巡視を皮切りに安全活動を始めました。その後、蒲生氏は、東京電気で取り組んでいた、安全衛生活動を大正6年に組織した「安全第一協会（会長・内田氏）」を通じ、大正8年に日本で初めて東京を中心とした「安全週間」を実施しました。そのシンボルマークとして「緑十字マーク」を考案したのも蒲生氏でした。

この東京でスタートした「安全週間」が全国に波及し、昭和3年から「全国安全週間」となり、以後、昭和の戦前・戦後を通じて、平成の現在まで一度も中断することなく継続されています。一企業の枠を超え社会運動となった「全国安全週間」。この先駆者達の「熱い思い」を、後輩の一安全担当として、今後も継続・推進していきたいと思います。

（羽深　勝也）

蒲生俊文氏

41

海外の大規模復旧工事を経験して

数年前に、海外の重要拠点としていた自動車完成車の生産工場が、水害で２ｍ以上浸水し、生産活動がストップする事態が起きました。当時、工場の全エリア対象として、緊急の復旧工事を行うこととなり、私は現地復旧工事全体の、安全衛生・防火の支援活動を約４カ月間行いました。これはそのときの経験談です。

同工場は、約20年前にアジア大洋州地域の生産拠点としてスタートし、規模も順次拡大してきました。同工場では、現地スタッフが中心となって、国内関係法令等の遵守はもとより、日本国内の生産工場の安全管理のノウハウ等を継承しながら、順調に安全活動を進めていましたが、今回の緊急復旧工事のような大規模工事を短期間で推進した経験がなく、今回どんな安全管理が必要なのか、だれも分からない中で工事が始まりました。

復旧工事は、昼夜２交代制の作業となり、期間も４カ月間以上と長丁場でした。基礎改良工事、機械設備の重量物搬入据付、電源・電気工事、建屋の改造工事、地下工事等が同時進行し、日本でも経験したことがないほどの工事のボリュームでした。

私は、現地の安全スタッフと綿密な協議を重ね、構内作業にかかるすべての安全衛生管理を担当しました。しかし軽微ですが、ケガや通行事故が数件発生し、安全連絡協議会のような一組織を通じた注意や指導等だけでは、タイムリーな情報が隅々まで行き届かず、大きな課題となっていました。そこで、現地メンバーと再検討を行い、新たに「安全情報掲示板」を構内の要所に追加設置して、すべての情報の「見える化」をさらに進めました。また、安全スタッフと現場の安全管理者は、安全パトロールに集中することとしました。

パトロールの強化により、作業形態・内容により、安全管理のポイントや遵守事項などがさまざまあることに改めて気づき、私はそれを整理して分かりやすく、しかも詳細に、また目立つように伝えられないだろうかと、安全掲示板での情報提供を毎日工夫しながら、粘り強く活動を継続しました。また工期中盤からは、各現場の現地人マネージャーによる、3Sを主眼とした職場パトロールも始めてくれました。すると、現場の安全モラルや3Sはさらに良好となり、重篤な事故・災害もなく、全領域で工事を計画通りに進めることができました。この実績は、現地の安全スタッフのスキルを大きく向上させ、自信へとつながりました。私は、現場での情報の共有化とマネジメントと一体の取組みがいかに重要かを改めて認識でき、大きな財産となりました。

（藤井　誠）

42

リスクアセスメントを職場全体で進めるには

私が生産職場で、安全衛生管理者だった時の、リスクアセスメント指導の経験談です。

工場では、作業と設備についてのリスクアセスメント活動が以前から行われており、定期的にリスクアセスメントの勉強会やアセッサーの育成講習も継続して行っていました。そして、それぞれの職場にはアセスメント講習修了者が配置され、特に新規に機械設備を使用する前には、リスクアセスメントによるリスクの低減措置を行っていました。しかし、設備に起因した非定常作業時の災害がなくなりませんでした。

そこでリスクの見積りや判定内容を再確認したところ、作業行動より機械設備の危険状態・事象の洗い出しが中心となってしまい、ハード中心の対策が優先されたため、作業がやりづらくなっているケースがあることが分かりました。

そこで、作業行動を中心としたアドバイスや指導を、現場のリスクアセスメント実施メンバーに行う取組みを重点とすることにしました。特に非定常作業（工具交換、治具交換、点検清掃作業など）で、作業者はどのような手順と作業行動をするのかをメンバーに質問しながら、リスクの洗い出しと見積りの記録を行い、作業分析に洩れがないよう粘り強く活動を始めました。しかし、メンバーからは、「具体的な作業手順は、作業者から聞かないと分からない」といった声が挙がったため、リスクアセスメント実施時には、当該作業者も必ずその場にいるよう徹底し、さらに機械設備の特性に合わせたアドバイスを続けました。
「治具交換の時の足場はどこですか?」、「工具の入替え時の体勢は? 片手か両手で行うのですか?」、「治具の移動ではどこを押しますか?」などなど。すると6カ月ほど経過して、メンバーから「勉強会で教わったポイントが理解できました」、「作業手順書に、安全のポイントを具体的に表記できるようになりました」、「作業手順の見直しを行った結果、簡単なハード対策でリスクが低減できました」などの意見が聞かれたのです。さらに1年も経過すると、設備に起因する災害が激減し、それまでリスクアセスメント活動に抵抗感があった職場も、活動の成果が明確に出たことで、所属長をはじめ職場全員が「リスクアセスメント活動をもっと進めよう」という雰囲気が出てきたのです。

私はこの経験から、リスクアセスメント活動を前進させる際は、何よりも実際の機械や設備を前にし、作業者からの生の声に耳を傾けることを優先すべきであり、非定常作業を想定したアセスメントは特に重視すべきだと学びました。

（藤井　誠）

43

現場を刺激した「2S活動」

いかにして生産性を高めていくのか？　これは、業種を問わず企業共通の目標です。総合スーパー事業を展開するわが社では、この目標に向けた取組みの副産物となったのが、労働災害件数の減少でした。

そこで、わが社では生産性を高めるために、「2S活動の定着」に取り組みました。しかしながら「できて当たり前」という性善説に立った活動では、まったく定着を図ることができませんでした。「2S」とは整理・整頓ですが、実はその基準や出来栄えが、個々の経験や価値観によってバラバラであることを見逃していたのです。

この失敗経験から学んだことが三つあります。

一つ目は、上司の本気が部下の気持ちを動かすということです。

2S活動では、モデル店を決めて本社主導で行ったため、各店舗からしてみては通常業務の負担が増えるだけと感じていたので、従業員も管理職も本気で動くことはありませんでした。そこで全幹部が集結する会議の場で、社長自らが2S活動の「キックオフ宣言」を行い、2Sを管理職のミッションとして明確に打ち出したのです。そしてその手法を具体的に伝えることで、店舗の管理職の気持ちに火をつけることに成功しました。

二つ目は、やらされ感では人は動かない、ということです。

慣れ親しんだ手順を変えようとすると、抵抗感の方が先立ちます。そこで「2Sは仕事を楽にする」という切り口で、従業員がメリットを具体的に実感できるような活動から、着手しました。普段、だれしもがこのやり方が一番良いと思って業務を行っているのですから、もっと良いやり方や職場環境を実感すると、がぜん意欲が増して2Sに協力的になります。

三つ目は、マニュアルは個々の知恵を引き出す、ということです。

各店舗のバックルーム（作業場）のレイアウトはさまざまで、共通の2Sマニュアルを作っても、遵守させることが非常に困難でした。そこで、幹の部分が全店舗標準化されていればよいこととしました。これにより実務の多くを担うパート社員から、さまざまな意見・アイデアが出て、各店舗の職場環境に適した2Sマニュアルへと進化させることができました。

全く違う切り口でも、このように現場の意欲を促進する働きかけを行うことができれば、労災削減につながることが実感できました。

（松永　晋一郎）

44

まねも超えれば、革新になる

小売業は、軽微な労働災害が高い頻度で発生しており、職場における安全意識はまだまだ低いと言わざるを得ません。

類似の赤チン災害が繰り返し発生することは、異常な事態であるにもかかわらず、現場での危機感や関心は低く、そのギャップをいかにして埋めるかが課題でした。

そこで、過去数年間にわたって発生した労働災害を「部門別・発生要因別」で分析したところ、各項目の構成比が数年間ほとんど変化しておらず、いかに同一職場で何の安全対策も講じられていなかったのかが分かりました。

労働災害の度数率が高いという結果が出ていても、従業員個人から見れば、頻繁に被災現場に遭遇しているわけではありませんので、対岸の火事のようにしか思えなくても、仕方ありません。ただ、具体的な数値にして、今は異常な事態であることを、まず共通認識させました。

次に着手したことは、「情報の共有化」です。これまでは、労働災害の詳細を積極的に公開することはありませんでしたが、情報を定期的に店舗に発信して、従業員に周知することにしました。ベテラン従業員には自らの類似体験を思い出してもらい、また、経験値の低い従業員には情報から疑似体験を重ねることで、危険感受性を向上させようということが狙いです。

新規出店の場合、新たに雇用したパート社員の1年目の被災件数が多かったのですが、研修時に、各職場における労働災害の情報共有を行い、作業教育の際には手順だけではなく、その作業における危険性を加えて教育するように修正したところ、飛躍的に労働災害件数を下げることに成功しました。

ベテラン従業員の多い既存店舗において最も効果的だったのは、「ヒヤリ・ハット」活動です。製造業では当たり前のように実施しているものですが、小売業ではまだまだ浸透しているとは言えません。しかし従業員参加型活動のため、主婦パートの多い小売業においては、馴染みやすさという点で効果がありました。

「まねも超えれば革新」。これからも製造業の労働災害防止活動の良さをまねて、労働災害防止活動の革新を図りたいと思います。

（松永　晋一郎）

45

工場長のポケットマネー

「職場を明るく、元気にしたい」という思いは、現場の管理者になると誰もが考えることだと思います。これから紹介する話は、私の勤務先の工場長が行った「ちょっとした思いやり」で、職場が大きく変わっていった話です。

その工場は三交替制勤務で、食事は会社の用意する工場弁当を、職場の休憩所で食べるのが常でした。事業場内には、社外のお客様を対象にした食堂があり、定食、カレー、麺類など、ちょっとした豪華なメニューも選べるのですが、交替制勤務者が、昼休みに気軽に食べに行ける距離にはありませんでした。工場弁当は、現場作業者向けの献立で、少し味気なさを感じている人も多かったと思います。私も同じ弁当を食べていたので、温かい作りたてのお昼を食べたいなあ、と思うこともよくありました。現場の作業者も同じ思いだったと思います。

ある晴れた日の昼休み、食堂の近くである工場長に会いました。隣には若い作業者が数人いました。「何してるの？」と声をかけると、「誕生日の人を食堂に招待して、誕生日会をやっているんです」と答えが返ってきました。「全員と？」と聞くと、「そうです。同じ誕生月の人を分けて、数回開催しています。結構大変ですけれどね」と笑顔で答えてくれました。周りにいた作業者も楽しそうでした。

そういえば、現場をパトロールをしていて、「ところで工場長と話したことはある？」と作業者に聞いても、「記憶にないねぇ」とか「工場長はあまり現場に来ないから…」という声が多かったことを思い出しました。トップはもっと現場とコミュニケーションをとるべきではないか、とそのとき思いました。

その工場長は、食堂で温かい、ちょっと豪華な食事をしながら、お互いをもっと知るための機会を増やそうと、「誕生日会」の開催を年間目標として宣言したのです。確か部下は百人以上いたので、会社の食堂とはいえ、毎回ある程度の出費があったはずです。実は工場長は、安全衛生表彰や5Sコンテストの表彰金等ではまかなえない分を、ポケットマネーで拠出していました。

工場長の職場に行くと、だれもが元気に「ご安全に！」と挨拶し、とにかく笑顔が絶えない職場です。現場で工場長を見かけると皆が気軽に話しかけ、何か困ったことが生じても、工場長に相談すれば何とかしてくれるはずと、信頼も厚いのです。

工場長は、大きな責任と権限を持っています。そのひと言で、職場を動かさなければならないときもあります。あなたも形に残る記念品より、記憶に残る記念日を企画して、職場の心をつかんでみませんか？

（山岸　新一）

46

社葬を経験して感じたこと

「死亡災害は、絶対に起こしてはいけない」ということを痛感した話をしたいと思います。

ある年の新年度が始まり、桜の花が満開になろうとしている4月某日、その痛ましい災害が発生し、設備の点検を行っていた私の部署の若者が命を落としてしまいました。

当時私は、安全衛生管理者として部下数十名と共に設備の保全業務を行っていました。その一報が入ったのは、午前11時ごろだったと記憶しています。隣でデスクワークをしていた同僚が慌てて現場に飛び出して行きました。状況が分からないまま心配していたところ、部長に連絡が入り、神妙な顔をして事務所に待機していた管理者を集め説明を始めました。「A職場のBさんが、点検作業中に設備に挟まれて救急搬送された。状況はかなり厳しそうだ」と話されました。

午後になり、病院に付き添っていた社員から「Bさんの死亡が確認されました」と連絡が入りました。それからは、部内総動員で現場対応、報告対応、社外対応と大変な1日が始まりました。会議室が対策本部となり、設備図面、作業指示書、KYシート等が集められ、Bさんの当日朝からの行動の確認が始まりました。私は、連絡係として関係部署からの指示伝達と資料の送付を行っていました。最もショッキングだったのが、現場写真を見たときでした。そこには、痛々しい姿が写っており、既に亡くなったとの情報を聞いていたので、直視することができませんでした。警察、監督署対応を行いながら、その日は会社に泊まることになりました。

翌日、緊急安全集会が開催され、「災害の概要を全職場に周知し、類似作業については必ず管理者の承認を得て作業するように伝えるように」と指示があり、早速各職場を回って説明を始めました。会社生活において部下の前で涙を見せたのは、後にも先にもこのときだけです。

数日後、Bさんの社葬が執り行われることになり、私は通夜、告別式両方に参列しました。告別式には会社関係者数百人が参列し、厳粛な雰囲気で執り行われました。最後のお別れの時間になった時、今でも忘れられないひと言が奥様より発せられ、その場にいた全員が無言でその言葉を聞いていました。

「だめー」、「だめー」、「だめー」…。

奥様はこの言葉で何を伝えたかったのでしょう。私には、

「私のところから夫を連れて行かないで！」と訴えているように感じました。その隣では、幼い子供が母を見つめていました。

このような経験を通じ、「死亡災害は、絶対に起こしてはいけない」とあらためて肝に銘じ、現場第一線で作業している「人」を型にはめるルール作りではなく、「守りにくい、または守れないルールがあれば、自発的に改善案を提案してくれる職場」、「ルールに書いてないことでも、必要と思われる行動を自発的にとることができる職場」、「何でも相談し合える職場」、こんな職場を作り上げることを目標に、その後の安全衛生管理者としての業務を行っています。


（山岸　新一）

47

酒の問題に気づき、支えあうことの大切さ

酒は古くから「百薬の長」とも呼ばれ、多くの人々に愛されてきました。しかし多量の飲酒は心身にさまざまな悪影響を与えます。酒の害というと、肝臓の異常が思い浮かびますが、それ以外にも脳卒中や心臓病、糖尿病、高血圧、がんのリスクが高まるほか、睡眠障害・うつ状態や自殺率の増加などにもつながります。

研究データによると、1日あたりの酒の量は日本酒にして1合弱が最も死亡率が低く、それ以上の飲酒量では量が増えるにつれ、がんや心疾患、外傷にとどまらず死亡率全体が高くなるという結果が示されています。また、アルコール依存症に陥ってしまう危険もあります。日本では問題のある飲酒習慣を持つ人は推定860万人、また440万人はアルコール依存症が疑われる状態と言われています。

ここでAさんのお話をします。Aさんは現場で長く機械の操作を担当されていました。また、以前から酒豪として名が通っていました。健康診断では何度も肝臓の異常や高血圧を指摘され、都度、保健師や産業医から「お酒はほどほどに」と指導を受けていました。しかしお酒の量は減るどころか増える一方で、酒臭い状態で出勤したり、ミスでラインを止めたり、遅刻や突然の休みが増えたりと、とても仕事を任せられる状態ではありませんでした。

管理者や同僚、保健師や産業医が、家族とともに「家族だけでなく、職場のみんなも心配し

ていること」、「このままでは仕事も家族も命も失ってしまうこと」、「酒を一滴も飲まない状態を続けること」、「専門家の治療を受けること」をAさんに何度も伝えたところ、最後にAさんから「家族のためにもう一度頑張ってみる」との言葉がありました。

その後も職場では声かけを続け、Aさんは文字通り一滴のお酒も飲まなくなりました。すると、遅刻や欠勤はなくなり、眼にも生気が戻り、現場でもかつての熟練の技を振るっています。きっと家族や職場の支え、何よりAさん自身の決意がなければ、悲惨な事態に陥っていたことでしょう。私はこの事例から、一人ひとりが酒との正しい付き合い方をよく知ること、酒によるミスやトラブルに周囲が早く気づいてあげること、そしてみんなで回復を支えることの大切さを痛感させられました。

なお冒頭の「酒は百薬の長」は、前漢を滅ぼした王莽《おうもう》の命令に由来しています。とりあげた酒の効能は、「このように素晴らしいものは国が管理します」という専売化の口実であったそうです。そのせいかどうか、この王朝は反乱のため一代で滅亡してしまいました。

（山瀧　一）

48

伝えたいプロ意識―有害因子から身を守る―

最初にご紹介するのは、私が研修医として病院に勤務していたころの経験です。その日は血管造影の検査日でした。血管造影とは、患者さんの血管の中に造影剤という X 線を通さない薬剤を流し、血管の状態を X 線で透視する検査です。X 線被ばくが伴うため、スタッフは首や体は防護衣で覆いますが、腕から手にかけての防護はありません。検査は鬼軍曹をほうふつとさせる厳しい指導医と組んで行いました。

緊張しながらも間違いなく検査を進めたはずでしたが、「おい！」と指導医の鋭い声が飛びました。何か手順を間違えたのでは、と自分のしたことを振り返るも、思い当たるようなミスはありませんでした。続けてさらに鋭い声が。「照射野に手を入れるな！」。撮影部位を画面の中心に捉えることに夢中になったあまり、指がわずかに照射野にかかっていたのです。「たった1回、これくらいのことで…」というのが正直なその時の気持ちでしたが、検査終了後、指導医より放射線による皮膚障害と、被ばくを最小限に抑える心構えの重要性、そしてほんの少しなら、という気の緩みがいつしか害に結びつくことを諄々《じゅんじゅん》と説かれ、自身の認識の甘さを痛感させられました。

その後、私は産業保健の分野に進みました。ある日、メッキ作業に長期間従事した初老の男性の健診診察を担当した時のことです。ペンライトで鼻を覗き見たところ、反対側の鼻孔から光が漏れていました。クロム酸による健康障害でした。男性は「ああ、鼻の中に穴が開いているよ。今はもうないけれど、昔は鼻に穴があいたら一人前、なんてことも言っていたね」と、淡々と話してくれました。

職業に伴う健康障害は、古くからその存在が知られています。江戸時代の旅行家である菅江真澄は「鉱山で働く男性は42歳の厄年を10年前倒しで祝った後、次々と死んでいったため、7回結婚した女性もいた。」と記録しています。また18世紀のヨーロッパでは、煙突掃除に従事し続けた少年が、成人するころに股の部分にがんを発症することが社会問題となりました。これはススに含まれているタールが原因です。

産業革命以降、化学物質の増加や交替制勤務等の作業方法の複雑化により、さまざまな職業性疾病が問題となってきました。先ほどのクロム酸による健康障害もその一つです。これらの職業性疾病は減少傾向にありますが、それでも塩素系有機溶剤による胆管がんや合成染料による膀胱がんの事例など、形を変えて繰り返し起こっています。その背景には、仕事による健康障害は多少なら仕方がない。自分たちは大丈夫、という意識が隠れてはいないでしょうか。

本来、仕事は自身と家族がよりよく生きるために行うもののはずです。そのための仕事で自身や仲間の健康を損ね、命を削るようなことがあってはなりません。有害物を確実に封じ込め、ばく露をなくす、極限まで小さくすることが仕事の基本であり、そのためにはさまざまな活動と決まりの遵守が必要です。そして、その底流にある厳しくかつ温かいプロ意識と、よりよい職場も一緒に、未来に伝えていきたいと思います。

（山瀧 一）

49

化学物質の怖さ、知っていますか？

午前11時過ぎ、作業者Aさんは金属メッキ工程での硝酸廃液を、隣の準備室にある、ビニールで内壁がコーティングされた化学物質廃液専用のドラム缶に専用の手動ポンプで移していました。

すると、ドラム缶に小さな穴が開き、硝酸を含んだ廃液が準備室床面に漏れ出したのです。そのとき準備室内には、赤い煙が充満しており、この煙を排出するために、作業者AさんとBさんは、窓・扉を全開にし、空気を入れ換えながら、その場にあったチリ取りで、床にこぼれ出た硝酸廃液をすくい、別の容器に集めて事なきを得たのでした。回収が終わったのは午後1時を回ったころでした。

その晩、AさんとBさんは、それぞれの自宅で就寝中に息苦しくなり、咳が止まらなくなりました。驚いたご家族は救急車を呼び、2人はそれぞれ別の病院に緊急入院しました。ご家族は何が原因かもわからず、翌朝、会社の上司にそのことを伝えました。

その話が職場全員へと伝わると、それを聞いた同僚からは、「昼休みにメッキ工程の準備室の窓・扉が全開となり、扉から外の側溝に何か液体が漏れていて、AさんとBさんが掃除をしていたこと」、「硝酸廃液が倉庫の床面一面に漏れ、その回収作業をしていたこと」、「赤い煙が出ていたこと」などの事実が次々と分かりました。

この話を技術部門に聞いてみると、硝酸とドラム缶などの鉄分が反応し、一酸化窒素と二酸化窒素の赤い煙が出ることが分かり、これを吸ったことが咳の原因と判明しました。そのとき化学物質の生態作用を確認したところ、一酸化窒素と二酸化窒素の煙を吸うと、24時間後に肺水腫となることが分かったのです。この災害の直接要因は、化学物質廃液専用のドラム缶が、新品ではなく使い古したもので、ビニールコーティングが一部損傷していたことでした。

実は、AさんとBさんだけでなく、その職場の作業者は、硝酸をはじめとする化学物質の有毒性について、教育も受けていませんでした。また、作業ミスや事故があったときに、上司に報告することも徹底されていませんでした。

化学物質は非常に便利なものですが、この事例のように安易な取扱いも見受けられます。化学物質による休業4日以上の労働災害は、年間200件ほどで推移しています。皆さんの職場でも、いま一度取り扱っている化学物質のリスクを把握し、漏洩などの事故時の対応方法も再確認すべきだと痛感した経験をしました。なお、AさんもBさんも、治療の結果元気に復帰されたそうです。

(吉川　智明)

50

部下を想う気持ち

先日、私の入社当時の最初の上司だったN製造課長が、病に倒れ逝去されました。ご自宅が遠方でしたので、半年後にお焼香に伺った際、夫人からN課長の現役時代のエピソードをいくつかお聞きし、印象深かった二つのエピソードを紹介します。

最初の話は、今から40年ほど前の昭和50年代です。当時、金属機械加工の職場では、製品の納期に追われ連日の残業でした。N課長は、夜10時に作業者が食べる夜食の手配を、毎日日中にしていましたが、その日は納期調整の仕事が重なり、夜食の手配をうっかり忘れていました。

N課長の自宅は、工場から歩いて5分の所にあり、当時は、今のようにコンビニエンスストアがある時代ではなく、夜になってからでは、夜食の買い物ができる店はすべて閉まっていたのです。

N課長は自宅にいる夫人に電話をして、おにぎり30人分と、自宅の漬物とお茶を持ってくるよう頼みました（当時夫人は自宅でたくさんの種類の漬物をつくっていたそうです）。

N課長の家は、夫人のほか、N課長の父親、3人の小学生のお嬢さんの6人家族でした。すでにお嬢さん3人は寝ている時間でしたが、夫人は、米を炊きおにぎりをつくり始めました。それを見ていたN課長の父親も一緒に手伝い、おにぎりを何と百個と漬物、ポットに入れたお茶を用意し、暗い夜道を2人で工場へ歩いて運び、午後10時に間に合わせたのです。普段から部下想いのN課長を見ていた夫人は、大急ぎで米を炊き、N課長の父親も事態を察し、一緒に汗をかいてくれたのだと想像できます。N課長も、無理は承知の上で、でも家族なら何とかしてくれると信じていたのでしょう。まさに部下への想いが家族を動かしたエピソードです。

もう一つは、作業着にまつわる話です。ある日N課長は、工場で部下が着用しているつなぎ作業服を30着、夜帰宅時に自宅に持ち帰り、「悪いが、これを明日の朝までにボタンを付け、ほころびも繕ってくれないか」と、洋裁の心得があった夫人に頼んだそうです。作業服は、ボタンが外れ生地がほころんでおり、しかも洗濯していない油だらけのものばかりでした。

夫人は、「洗濯しなくていいの?」と、N課長に聞いたそうですが、そのままでいいとの返事だったので、徹夜でボタン付けとほころび直しをしたそうです。翌日N課長は、部下が出勤する前に、それを内緒で更衣室に戻しておいたそうです。そのまま、ほころびが直っていることを気が付かずに着ている部下もいたそうです。

「部下を我が子と想い育てよ」と言われることがありますが、正に管理者の手本となる心打たれる話でした。

（吉川　智明）

知っておくと楽になる!

外さないスピーチの心得

「毎日、同じようなネタばかり。マンネリだ」、「一生懸命話しているのに、誰も聞いてくれない」など、朝礼などのスピーチで悩む方も多いのではないでしょうか。皆さんすべてが話のプロではありませんし、新鮮な話材（ネタ）が毎日あるとも限りません。ただちょっと意識すれば、スピーチが楽になるポイントをここでは紹介します。うまいスピーチより、外さないスピーチの心得と思ってください。

▼聞き手に共感を得られるスピーチをしよう

聞き手に共感を得られるスピーチとは、どんなスピーチでしょうか？

その要素の一つは、話し方や態度です。こんなデータをご存知でしょうか。アメリカの心理学者アルバート・メラビアンが1971年に行ったある実験です。

これは、人が「好きだ」、「嫌いだ」、「おもしろい」、「つまらない」といった感情や態度（好意や反感）を伝えるコミュニケーションの実験で、発する言葉と、声の出し方（トーン）や態度（ボディランゲージ）が矛盾する場合、相手は言葉そのものより声の出し方や態度を優先して受け止める、と結論づけたものです。

例えば「ありがとう」という言葉を、不機嫌に、苦虫を噛み潰したような顔で発したらどうでしょう。相手は好意的と捉えるでしょうか、嫌悪感を抱くでしょうか？

この場合メラビアンは、視覚情報（態度や表情、仕草など）が約5割、聴覚情報（声のトーンや話し方など）が約4割、言語情報（言葉そのもの）が約1割の順で優先されるとしています。つまりこのケースでは、相手の多くは「嫌悪感」を持って受け止める割合が高いということです。

この実験は、あくまで一定の条件下で行ったもので、また最近では数字だけが一人歩きして、「話の内容はともかく、見た目が大事」などと誤解されて使われることもあるようです。しかし、「話は大事、声や態度も大事」と理解すれば、なるほどとうなずけるデータです。

▼話材選びは適切？

聞き手に共感を得られるスピーチの要素二つ目は、話材でしょう。

著名な先人たちの名言を引用し、話材も練りに練って感銘のあるスピーチにしたいという気持ちも分かりますが、せっかく自分では気に入った名言を引用したのに、いまひとつ相手に伝わらなかったということが起こります。

一般的に話材は、「自分がかかわった話、体験談」、「人から聞いた話や、書籍、ニュース等のメディア等、外部から得た情報」に分けられます。前者は、暗記した内容を突然忘れてしまう、といったパニックに見舞われることも少なく、緊張せずに比較的自信を持って話すことができます。しかし、体験談の引き出しにも限りがありますので、「そろそろネタも尽きてきた。さて、明日はどんな材料を使おうか……」と悩んでしまうこともあるでしょう。

現在は情報過多の時代です。外部からの情報は、今や新聞や雑誌、テレビやインターネットから好きなように入手できます。また、フェイスブックやツイッターなどSNSの急激な普及により、リアルタイムに臨場感ある情報も入手できます。ただ情報の正確性については注意が必要で、特にSNSは拡散は早いのですが、うわさ話のような不確かな情報も多いので、別の媒体で再度事実確認するなどしてください。

前述の、歴史上の人物や著名人の名言・格言ばかりを続けていると、「雑学はもういいだろう」と言わんばかりのプレッシャーが、飛んでくるかもしれません。何事もほどほどがベターです。その場合認知度が低い人物や、著名人でもあまり耳にしないものを探してみてはいかがでしょう。ただ話材が大きすぎて気負ってしまうと、結論も大きくして良い話にしなければいけないと考えてしまいます。あまり大上段に振りかぶらず、まずは日常生活の中で起きた身近な出来事や現象、体験から取り上げてみましょう。

また、話材を決める際には、「自分がこれを話したい」という視点からではなく、「朝礼に参加しているメンバーは、何を聞きたいと思っているのか？」と想像してみることが大事です。話し手はつい自分中心に話を繰り広げてしまいがちですが、いつも聞き手を意識するようにしましょう。

スピーチの機会は、朝礼、終礼、ツールボックスミーティング、職場巡視、安全衛生委員会、研修会、勉強会、全体行事など、さまざまあると思います。朝礼や終礼での話は、長くても3分程度です。また、ミーティングや勉強会、安全衛生委員会などでは、災害事例報告やヒヤリハット報告、指摘事項への対処や問題解決の検討、各種事務連絡などが中心となり、スピーチは挨拶や締めくくりとして短時間で行うことが多いでしょう。ＴＰＯ（時間、場所、場合）を考えた話材を選びましょう。

▼話材が決まったら

話材は、自分の体験談の方が説得力はありますが、事実という「客観的情報」と、その事実をどのように受け止めたかという自分としての解釈、つまり「このような事実があって、私は○○のように思ったのです」といった、「主観的情報」を区別して伝えることが必要です。

その上で、聞き手に「考えてほしいのか」、あるいは「答えを出してほしいのか」、また「具体的行動を起こしてほしいのか」など、理由をつけて結論づけていけば、聞き手は自分のことだと共感できるでしょう。また、スピーチの話材を決めたら、それを幹として、抽象的な言葉ではなく具体例を話しましょう。話の中で使うキーワードはできるだけ明確にし、繰り返して使うと、話し手・聞き手双方のブレも防げてよいでしょう。

▼時間的推移で話せば、失敗は少ない

では次に、スピーチの構成はどうしたらよいのでしょうか。手法はいろいろ考えられますが、過去→現在→未来の流れにすると、比較的まとまりやすくなります。

「過去」

「私が○○を始めたきっかけは、かつての所属長だった○○さんのひと言でした」、「これまで、私は○○の失敗を何度もしていました」、「新人のとき、私はずっと○○ができずに悩んでいたのですが、皆さんの中にも同じ悩みを抱えている方はいませんか?」など、何かを始めたきっかけや経験談、かつて悩んでいたことなど、「過去」については、ある程度詳しく描写して伝えるとよいでしょう。

「現在」

「現在」は、過去の出来事にそのまま当てはめればよいでしょう。「そのひと言が忘れられず、今でも○○を続けています」、「その失敗があったことで、現在は決して○○を怠りません」、「○○したことで今ではまったく悩みがなくなり、当時の苦しさは嘘のようです」といった感じです。「現在」もある程度の具体的説明は必要でしょう。

「未来」

「未来」は「過去」、「現在」のように細かく描写したり、長く話す必要はありません。例えば、「皆さんも試しに今日からトライしてみてはどうでしょうか」、「いつか職場全体で○○を実践できたらよいな、と考えています」、「この悩みを教訓として、新人を指導していきたいと考えています」など、シンプルに話して終わらせるのがよいでしょう。だらだらとした長い話は、聞き手へのインパクトをなくすだけです。

▼朝礼では前向きな話をしよう

毎日の朝礼は、職場内で情報共有を図る大切な場です。朝は一人ひとりの健康確認やモチベーションを上げる大切な時間でもありますので、話材もできればネガティブでなく明るく前向きなものがよいでしょう。

例えば、「今日も気を引き締めていきましょう」、「一緒に頑張ってやりとげましょう」、「皆で盛り上げていきましょう」、「こんな季節だからこそ、体調には気をつけて乗り切っていきましょう」といったポジティブなものがお勧めです。

またよく陥る失敗は、話し終えた後、聞き手が「何の話なのかよくわからなかった」と思うことです。そうならないためには、話しはじめに「今から○○について話します」と、アウトラインを少しだけ話すと心構えを持って聞いてくれます。話の途中で反応がいまひとつと感じたり、緊張で早口になってるなと感じたら、慌てず「間」を作って、キーワードを再確認して、もう一度聞き手の関心を引いてみてください。

＊ご執筆いただいた方々

（敬称略・五十音順）

去来川　敬治	（いさがわ　たかはる）	いさがわ社会保険労務士事務所
板橋　　　陸	（いたばし　りく）	（株）クボタ宇都宮工場
岡田　　圭司	（おかだ　けいじ）	上野キヤノンマテリアル（株）
岡本　　　豊	（おかもと　ゆたか）	千葉夷隅ゴルフクラブ
川野　　政彦	（かわの　まさひこ）	（株）JP ハイテック
神戸　　　誠	（かんべ　まこと）	キヤノン（株）
菊池　　史郎	（きくち　しろう）	ヒューマンライフ（株）大輪通商
北脇　　政行	（きたわき　まさゆき）	積水化学工業（株）
木下　　隆二	（きのした　りゅうじ）	(医)木下歯科医院・労働衛生コンサルタント事務所
神津　　　進	（こうず　すすむ）	HOYA（株）
後藤　　文男	（ごとう　ふみお）	ペンタビルダーズ（株）
小森　　陽子	（こもり　ようこ）	（株）明電舎
近藤　　孝昭	（こんどう　たかあき）	（株）モスフードサービス
竹内　　千里	（たけうち　ちさと）	（株）レールセキュリティ
築島　　孝浩	（つきじま　たかひろ）	2級キャリアコンサルティング技能士
土肥　誠太郎	（どひ　せいたろう）	三井化学（株）
中原　　浩彦	（なかはら　ひろひこ）	東燃ゼネラル石油（株）
根岸　茂登美	（ねぎし　もとみ）	藤沢タクシー（株）
野々山　好一	（ののやま　こういち）	サンエイ（株）
羽深　　勝也	（はぶか　かつや）	東芝ヒューマンセットサービス(株)
藤井　　　誠	（ふじい　まこと）	本田技研工業（株）
松永　晋一郎	（まつなが　しんいちろう）	（株）イズミ
山岸　　新一	（やまぎし　しんいち）	JFE スチール（株）
山瀧　　　一	（やまたき　はじめ）	（一財）君津健康センター
吉川　　智明	（よしかわ　ともあき）	イーグル工業（株）

～朝礼、ミーティングにも活用できる50話～
安全衛生　読みたい話、伝えたい話

平成28年4月27日　第1版第1刷発行
令和4年6月22日　　　　第4刷発行

編　者　中央労働災害防止協会
発行者　平山　剛
発行所　中央労働災害防止協会
〒108-0023
東京都港区芝浦3丁目17番12号
吾妻ビル9階
電話　販売　03 (3452) 6401
　　　編集　03 (3452) 6209
デザイン　齋藤視倭子
イラスト　横田ユキオ
印刷・製本　株式会社丸井工文社

落丁・乱丁本はお取り替えいたします

ISBN978-4-8059-1693-3 C3060
中災防ホームページ　https://www.jisha.or.jp